Allen Menschen auf dem Wege …
und besonders für Emilie, meine Mutter

Ave Maria

Gegrüßet seist du, Maria,
voll der Gnade,
der Herr ist mit dir.
Du bist gebenedeit unter den Frauen,
und gebenedeit ist die Frucht deines Leibes,
Jesus.

Heilige Maria, Mutter Gottes,
bitte für uns Sünder
jetzt und in der Stunde unseres Todes.

Amen.

Irma Streck

Das Ave Maria und die Schönheit des

ICH BIN

Ein Gebet in 9 Bildern

Schirner
Verlag

ISBN 978-3-8434-5149-9

Irma Streck:
Das Ave Maria
und die Schönheit des ICH BIN
Ein Gebet in 9 Bildern
© 2016 Schirner Verlag, Darmstadt

Umschlag: Murat Karaçay, Schirner,
unter Verwendung eines Bildes
von Irma Streck und # 142201915
(Morphart Creations),
www.shutterstock.com
Layout: Anke Brunn, Schirner, unter Verwendung von Bildern von Irma Streck
und # 142201915 (Morphart Creations),
www.shutterstock.com
Bilder & Fotos: Irma Streck
Lektorat: Karin Garthaus, Schirner
Printed by: Ren Medien GmbH,
Germany

www.schirner.com

1. Auflage Oktober 2016

Inhalt

Vorwort

Liebe Leserin, lieber Leser,

Jahr für Jahr begeben sich Tausende von Menschen auf einen Pilgerweg, um neue Impulse für ihr Leben zu finden. Ihre Beweggründe mögen verschieden sein, doch eines ist ihnen gemeinsam: Sie folgen damit einer alten Tradition des Glaubens, und zwar jener, dass durch bewusstes Gehen ein Weg entsteht, der neue Erfahrungen ermöglicht und uns im Geiste wachsen lässt. Das Bild eines Wanderers oder auch Pilgers, der einen Pfad zu einem fernen Ziel entlanggeht, gehört zu den ältesten, universellen Bildern, die das Menschsein beschreiben.

Wenn wir mit diesem Büchlein den geistigen Raum des Gebetes betreten, begeben wir uns sozusagen auf eine Reise – dem Pilgern nicht unähnlich –, auf der Worte und Bilder zu Wegstationen werden, die uns für eine tiefere Betrachtung des Lebens öffnen können.

Auf diesem Weg ...
... finden wir das Ave Maria. Es ist gleich nach dem Vaterunser das am meisten gesprochene christliche Gebet, das die Anrufung Marias, der Mutter Jesu Christi, zum Inhalt hat. Es beleuchtet den Lebensweg von Maria und richtet den Blick dabei auf den weiblichen Weg der Mutter und der Frau. So kann uns das Ave Maria neben dem männlich konnotierten Vaterunser, das als Gebet des Herrn gilt, einen wichtigen Zugang zu den weiblichen Qualitäten des göttlichen

Bewusstseins eröffnen. Diese äußern sich besonders in der Fähigkeit, Hingabe und Barmherzigkeit zu zeigen, zu empfangen, zu schützen sowie zu trösten, um nur einige zu nennen. Mithilfe des Gebetes können wir diese Qualitäten auch in uns selbst entdecken und verstärken.

Auf diesem Weg ...
... begegnen uns Bilder, die zur Verinnerlichung einladen und uns dabei helfen können, eine Verbindung zu uns selbst und zu dem göttlichen Licht aufzubauen. Bilder bringen das Wesentliche auf den Punkt.

Auf diesem Weg ...
... finden wir zahlreiche Übungen zur Achtsamkeit, die uns beim Ankommen im Hier und Jetzt unterstützen möchten. Erst dann sind wir auch wirklich präsent und können uns unserem Leben zuwenden.

Auf diesem Weg ...
... werden wir an unser göttliches Bewusstsein erinnert. Die Worte zum ICH BIN sind dabei wichtige Schlüssel, um uns zu unserer Quelle der Kraft, der Liebe und der inneren Weisheit zu führen. Als Kinder Gottes sind wir Mitschöpfer auf dieser Erde. Dies bedeutet Verantwortung und eröffnet uns gleichzeitig wundervolle Möglichkeiten.

Auf diesem Weg ...
... ruft uns die Liebe – bunt wie das Leben selbst. Mal verspielt und spontan, mal mit Leichtigkeit und doch auch Tiefe. Da sie bekanntlich das Wichtigste ist, behalten wir sie schön im Blick und fragen immer wieder: »Was macht die Liebe nun?«

Erlauben Sie mir, Sie durch dieses Büchlein zu begleiten, lassen Sie uns eine Weile gemeinsam Pilger oder Wanderer sein, und schauen wir, was geschieht, wenn wir uns Maria, dem weiblichen Weg und dem ihr gewidmeten Gebet zuwenden ...

Ich wünsche Ihnen dabei viel Freude.

Ihre Irma Streck

Gedanken – das Ave Maria und die Schönheit des ICH BIN

Die Qualitäten des Weiblichen

Nachdem ich ein Buch über das Vaterunser beendet hatte,[1] war es mir ein wichtiges Anliegen, mich dem Ave Maria und dem weiblichen Weg zuzuwenden. Bekanntlich ist das Göttliche ja eine Einheit, die sowohl die männlichen als auch die weiblichen Aspekte beinhaltet und in einem harmonischen Maße vereint. Auch jeder Mensch trägt diese weiblichen und männlichen Urkräfte des Lebens in sich, die aber oftmals unausgewogen sind. Ein Übermaß des männlichen Aspektes äußert sich zum Beispiel darin, dass wir beständig in Aktion sind und glauben, um alles im Leben kämpfen zu müssen. Diese Haltung wird oftmals von sehr viel Härte begleitet und macht uns das Leben unnötig schwer. Der weibliche Aspekt hingegen ist eher passiv und hingebungsvoll. Er äußert sich weniger im Tun als im Sein. Führt er in unserem Leben jedoch zu sehr die Regie, fehlt es uns oft an Richtungsweisung und Bereitschaft, etwas konkret umzusetzen. Die weibliche Seite in uns ist ebenso wichtig wie das Männliche und umgekehrt.

Besinnen wir uns auf die Notwendigkeit beider Qualitäten und ihr stimmiges Verhältnis zueinander,

---

1 Streck, Irma: »Das Vaterunser und die Kraft des ICH BIN«. Schirner Verlag, Darmstadt 2015.

können wir lernen, sie in uns selbst entsprechend zu integrieren.

Und wodurch geschieht das?

Der menschliche Geist ist ein Schöpfergeist und darin dem Göttlichen ebenbildlich. Wir verstärken bekanntlich das, worauf wir den Fokus legen, und führen durch unser Bewusstsein Veränderung herbei. Wenn wir verstehen, warum beide Qualitäten für unser Leben auf Erden notwendig sind, und den Weg des Ausgleichs wählen, entscheiden wir uns für Versöhnung und Heilung. Durch unsere bewusste Absicht und Aufmerksamkeit beginnt die Integration, ein innerer Wandlungsprozess, durch den wir schließlich zu einer höheren Form der Liebe befähigt werden.

Dadurch nähern wir uns dem göttlichen Vorbild an und bereiten den Boden für ein Leben auf Erden, das von Liebe, Verständnis und Frieden geprägt ist. Das aktive Prinzip des Handelns, der Wille zur Gestaltung, das logische Denken und die Unterscheidungskraft finden dann ihre unterstützende Ergänzung im passiven Prinzip des Seins, das sich in der Haltung des Empfangens, in der intuitiven Wahrnehmung, der nährenden Kraft des Mitgefühls und der Weisheit des Herzens kundtut.

Göttliche Einheit, wahrer Frieden und Harmonie werden dann in uns möglich sein und durch uns auch in dieser Welt.

Gerade in unserer heutigen konfliktreichen Zeit müssen wir uns der Fähigkeit zur Hingabe und des

Mitgefühls vermehrt bewusst werden. Wir brauchen die Kultur der Achtsamkeit und den Geist der Versöhnung, um Wunden zu heilen und das Leben zu fördern. Solange unsere Welt immer noch ein Schauplatz von Kriegen ist, solange das Konkurrenzdenken vor dem Gedanken des Miteinanders steht, solange unsere Angst größer ist als die Bereitschaft, wieder zur Liebe als heilende und bestimmende Kraft zurückzukehren, ist es wichtig, auf die weiblichen Qualitäten des göttlichen Bewusstseins, allen voran die Hingabe, aufmerksam zu machen. Lasst uns wieder lernen, hinzuhören und wahrzunehmen, anstatt zu urteilen und recht haben zu wollen. Lasst uns lernen, mit uns selbst wieder in Verbindung zu kommen, uns der Quelle der inneren Kraft und Weisheit zuzuwenden, nämlich dem göttliche Licht, das in uns wohnt. Wenn wir uns dieser Führung anvertrauen – im Geiste des Teamworks – werden sich uns neue Wege zeigen. Diese Haltung spiegelt dann die weibliche Natur der Schöpfung wider, die sich für IHN, den göttlichen Geist, öffnet, ihn aufnimmt und das Leben auf eine sanfte und liebevolle Art gedeihen lässt.

In Maria, der Muttergottes, der wir uns in diesem Büchlein zuwenden, finden wir diese Qualitäten bereits verwirklicht. Wir können von ihr lernen und darum bitten, dass sie auch uns auf dem weiblichen Weg der Hingabe begleitet.

Der Weg der Hingabe

Hingabe bedeutet, unser Bewusstsein so weit zu öffnen, dass Gottes Liebe in uns einströmen kann. Wir geben uns dann SEINER weisen Führung hin. Wir können dies tun, indem wir den Erfordernissen des Augenblicks an jedem Tag unseres Lebens wach begegnen und das tun oder sind, was im jeweiligen Moment gebraucht wird. »[W]erdet wie die Kinder [...]« (Mt 18,3; Luther 1912), sagte Jesus. Diese Worte besagen auch, dass wir im positiven Sinne »unwissend« sind, dass wir uns innerlich frei machen sollen von allzu engen Erwartungen darüber, wie unser Leben sein soll, von allzu starren Plänen und unseren eigenen Vorstellungen darüber, was wirklich möglich und gut für uns ist. Ein Kind zu sein, bedeutet, an das Gute zu glauben und im Vertrauen darauf zu leben. Es bedeutet, innerlich offen zu sein und sich führen zu lassen.

In dieser lebendigen Verbindung wird das Beste möglich. Alles kann dargebracht und geteilt werden. Auch die scheinbar einfachen Begebenheiten sind bedeutend. Nehmen wir dabei das Bild eines spielenden Kindes zu Hilfe, das der Mutter kleine Geschenke bringt. Es findet eine Murmel, einen Stein, eine Schnecke ... und bringt alles seiner Mutter. Diese schaut nicht auf das Geschenk – nicht das ist wesentlich –, sie freut sich einfach, dass das Kind an sie denkt, und fühlt die Liebe, die beide verbindet. Das Kind zeigt, indem es der Mutter alles überbringt, was es findet, seine Hingabe, die Mutter aber auch, indem sie das Geschenk annimmt.

Das Darbringen von allem, was uns im Leben begegnet, ist eine wundervolle Praxis für unsere eigene spirituelle Entwicklung. Wir geben unsere Sorgen, unseren Kummer, unsere Unruhe »nach oben«, an das Göttliche, ab – es wird dadurch verwandelt, und wir empfangen gleichsam »von oben« neue Weisung. Natürlich können wir auch unsere Freude darbringen, unseren Dank, unsere Liebe und pflegen so eine lebendige Beziehung mit dem Leben selbst. In der Hingabe werden wir zu Helfern am größeren, göttlichen Plan, in den wir wohlwollend eingebunden sind.

Maria ist ein Sinnbild für dieses Vertrauen und die bedingungslose Hingabe. Sie war bereit und stellte sich dem göttlichen Plan zur Verfügung. Was wäre wohl ohne ihre Zustimmung geschehen? Hätte Gott einen »Plan B« gehabt? Wer weiß das schon genau? Vielleicht zeigt uns dieser Moment auch Gottes Hingabe an den Menschen, indem er seinen Heilsplan vom Mitwirken Marias abhängig machte und sich durch seinen Sohn in das Menschsein hineinbegab.

Hingabe geht oft mit Demut einher, die in tiefer Liebe wurzelt und die Bereitschaft zum Dienen enthält. Keinesfalls ist dies ein Zeichen von Schwäche. Ganz im Gegenteil: Man muss stark sein, um alles herzugeben, was man hat und was man ist.

»Siehe, ich bin die Magd des Herrn.
Mir geschehe nach deinem Wort!«
Lk 1,38; Schlachter 1951

Der Weg der Gelassenheit

Mit einer Haltung der Hingabe lernen wir auch, das Leben gelassener zu betrachten. Nicht aus einer Art Gleichgültigkeit heraus, sondern im wachen Vertrauen darauf, dass unser Leben in Gottes Hand liegt und dort bestens aufgehoben ist. Wir haben dann vielleicht gelernt, dass wir nicht alles aus eigener Kraft vermögen, dass wir allein nicht alles erkennen können. Wie denn auch, wenn wir nicht einmal wissen, was der morgige Tag bringt? Wir kommen vielleicht – nachdem wir vielfach gestolpert sind, unsere Köpfe an Mauern angeschlagen haben, durch die kein Weg führte – auf die Idee: Leben kann auch anders möglich sein. Müheloser, leichter, freudiger, kraftvoller, erfüllender, liebevoller. Vielleicht bleiben wir dann einfach stehen und bitten um Gnade. Vielleicht ist dies der Moment, in dem wir erkennen, dass wir uns anvertrauen müssen und dass die Zeit dafür reif ist, unsere Widerstände gegen das Leben und gegen die Liebe aufzugeben.

»Dem Leben keinen Widerstand entgegenzusetzen bedeutet, in einem Zustand von Gnade, Mühelosigkeit und Leichtigkeit zu sein«,[2] schreibt Eckhart Tolle in seinem Buch »Jetzt! Die Kraft der Gegenwart«. In einem solchen Zustand werden wir innerlich gelassener und auch frei von allzu vielen Vorstellungen darüber, wie das Leben zu sein hat.

---

2 Tolle, Eckhart: »Jetzt! Die Kraft der Gegenwart«. J. Kamphausen Verlag, Bielefeld 2007, S. 195.

Gelassenheit ist eine Haltung des passiven Seins, die aus dem zwanghaften Handeln-Müssen herausführt und uns Erholung und Ruhe schenkt. Ganz so wie in der Musik, wo ein Rhythmus erst im regelhaften Wechsel zwischen Klängen und Pausen entsteht. Betrachten wir die Gesetzmäßigkeiten der Natur, den Kreislauf der Jahreszeiten, das Wachsen von Pflanzen, erkennen wir, dass sich alles in einer vollkommenen Ordnung entfaltet und dies auch meistens mühelos. Alles wächst, wenn die rechte Zeit gekommen ist. Alles braucht diese Zeit, um geboren zu werden und zu reifen. Die Betrachtung der Natur hilft uns, Vertrauen in das Leben zu gewinnen, zu erkennen, dass auch wir – als Teil des Ganzen – ebenso getragen werden. Dies lässt uns die Aufgaben des Tages mit größerer Gelassenheit und innerer Ruhe annehmen, um der Form, die unser Leben haben möchte, Raum zu geben. Das Leben kann dann ungehindert – und unabhängig von unseren eigenen Erwartungen – strömen.

» Du musst das Leben nicht verstehen,
dann wird es werden wie ein Fest.
Und lass dir jeden Tag geschehen
so wie ein Kind im Weitergehen
von jedem Wehen
sich viele Blüten schenken lässt. «
Rainer Maria Rilke (1875–1926)

Der Weg der Barmherzigkeit

Papst Franziskus hat im Dezember 2015 das Jahr der Barmherzigkeit (vom 08. Dezember 2015 bis zum 20. November 2016) ausgerufen. In vielen Kirchen weltweit öffneten sich seither sogenannte Pforten der Barmherzigkeit, deren achtsames Durchschreiten Wandlung im Menschen bewirken kann. Wenn wir uns derartige Momente bewusst machen, in denen wir selbst Barmherzigkeit, Nachsicht und Vergebung erfahren haben, hilft uns das, auch selbst mit mehr Mitgefühl und aus dem Herzen heraus zu handeln. Die ursprüngliche Bedeutung von Barmherzigkeit weist auf die Mütterlichkeit Gottes hin, ausgehend vom hebräischen Wort »rechem«, was übersetzt »Mutterschoß« heißt. Der Mutterschoß bringt das Leben hervor, er schenkt Geborgenheit und Wärme. Ein Kind, das getröstet werden möchte, eilt zur Mutter, wird auf den Schoß gehoben und umarmt. Die Mutter wendet sich ihm geduldig und liebevoll zu, stillt seine Not, lindert den Schmerz. Der Schutz und der Erhalt des Lebens ist das oberste Ziel.

Wir finden den Ausdruck höchster Barmherzigkeit und Mütterlichkeit Gottes auch in Jesu Gleichnis vom verlorenen Sohn, wo der Sohn nach Jahren des Umherirrens in der Welt mit Reue in das Haus des Vaters zurückkehrt. Freudig empfängt ihn der Vater und richtet sogar ein Festmahl für ihn aus. Kein Vorwurf, keine Schuldzuweisung, nur grenzenlose Liebe. Der zweite Sohn, der im Hause des Vaters geblieben ist, zeigt seine Unzufriedenheit über den herzlichen Empfang, der seinem Bruder gilt. Er empfindet es als ungerecht ihm gegenüber, der doch treu zum Vater gehalten hat, weder in der Welt umherzog noch dessen Vermögen verprasst hat. Da wendet sich der Vater auch dem zweiten Sohn liebevoll zu und spricht: »[A]lles, was mein ist, das ist dein« (Lk 15,31; Luther Bibel 1984). Er tröstet damit auch ihn und zeigt, was Barmherzigkeit bedeutet: eine aus irdischer Sichtweise unverdiente, aber vom Himmel her großzügige Zuwendung in bedingungsloser Liebe. Die Barmherzigkeit fragt nicht nach dem Recht. Sie richtet nicht, sie rettet und versöhnt.

Die Erfahrung von Barmherzigkeit hilft uns, auch anderen gegenüber milder und nachgiebiger zu sein und immer wieder großzügig zu verzeihen.

»Du Jesus, guter Meister,
bist nicht auch du Mutter?
Oder ist nicht Mutter, wer wie die Henne
ihre Küken unter ihre Flügel sammelt?
Darum bist du Meister und Gott,
noch mehr Mutter.«
Anselm von Canterbury (1033–1109)

Trost spenden

Unsere Welt ist schön, doch sie bedarf des Trostes, denn uns begegnet neben aller Schönheit immer noch viel Not. Ein achtsames Hinhören und Zuhören lindert bereits Schmerz und Leid. Das Geschenk der Zuwendung durch Trösten ist auch ein Ausdruck von Barmherzigkeit und Mitgefühl. Unsere Kraft des Mitgefühls hilft dem anderen, weniger zu leiden. Sie spendet Trost und richtet auf.

Unzählige Menschen wenden sich in ihrer Not auch Maria als Trösterin zu. Sie, die selbst durch tiefen Schmerz hindurchging, ist uns nahe, eine Vertraute, eine Schwester auf leidvollen Wegstrecken unseres Lebens. Sie, die ganz Mensch war, versteht die menschlichen Nöte und hält auch unsere Ängste und Sorgen mit aus. All diejenigen, die sich an Maria wenden, spüren in der Verbindung zu ihr die liebevolle, sanfte Energie, die sie wieder aufrichtet und ihnen neuen Mut schenkt.

Ein besonderes Marienbild ist in der Kirche St. Peter am Perlach in Augsburg zu finden: Maria Knotenlöserin. Es zeigt Maria, wie ihr die Engel ein Band voller Knoten reichen und sie behutsam und einfühlsam die Knoten auflöst. Diese Knoten stehen sinnbildlich für die unerlösten Nöte der Menschen, ihre Schmerzen, ihre Sorgen, ihre Zweifel, ihre Trauer usw. Maria wirkt auch hier – geduldig, beständig – und zeigt dadurch ihre Liebe zur Menschheit.

Schutz gewähren

Die Liebe tritt für das Leben ein. Sie sorgt dafür, dass es geschützt wird und sich entwickeln kann. Sitzt ein Kind auf dem Schoß seiner Mutter, fühlt es die Geborgenheit und ist in Frieden. Der Schutz der Mutter, doch vielmehr noch ihre Liebe lässt ein starkes Urvertrauen wachsen, das dem Kind auch noch in den Jahren des Erwachsenseins als nährende Basis dient. Das Bild der Mutter mit dem Kind auf ihrem Schoß stellt auch ein Sinnbild für unsere Verbindung mit dem Göttlichen dar, das unser bester Schutz ist.

Viele Menschen wenden sich auch an Maria, um Schutz zu erbitten. Manchmal für eine Person, für die Familie, für eine ganze Berufsgruppe, für eine Region oder hinsichtlich einer herausfordernden Lebenssituation.

Seit einigen Jahren lebe ich in Bayern und begegne dort einer tief in der Kultur verwurzelten Marienspiritualität. Davon zeugen auch die zahlreichen Kirchen, die Maria geweiht sind, und die Wallfahrtsorte (einer der bedeutendsten ist Altötting), aber auch die Madonnen an den Häuserfronten in vielen Ortschaften – seien sie gemalt oder als kleine Figur hinzugefügt. Der Marienplatz bildet zudem nicht nur in München den Mittelpunkt der Stadt, sondern auch in vielen umliegenden, kleineren Städten und Dörfern. Schließlich wird Maria, die Patrona Bavariae (lateinisch für »Schirmherrin Bayerns«), als Schutzheilige Bayerns verehrt.

Eine beliebte Form, Maria in ihrer Schutzfunktion darzustellen, ist das Bild der Schutzmantelmadonna. Man sieht oft auf diesen Bildern die Muttergottes mit einem großen Umhang, unter den sich Menschen Schutz suchend flüchten. Auch heute, wo viele Menschen auf dem Weg in eine oftmals ungewisse Zukunft ihre Heimat verlassen, ist Maria ein Zeichen der Hoffnung und des Trostes. Ein beliebtes Marienlied bringt dies zum Ausdruck:

Maria, breit den Mantel aus,
mach Schirm und Schild für uns daraus;
lass uns darunter sicher stehen,
bis alle Stürm vorübergehn.
Patronin voller Güte,
uns allezeit behüte.

Dein Mantel ist sehr weit und breit,
er deckt die ganze Christenheit,
er deckt die weite, weite Welt,
ist aller Zuflucht und Gezelt.
Patronin voller Güte,
uns allezeit behüte.

Das Ave Maria

»Ave« ist eine lateinische Gruß- und Segensformel und bedeutet: »Gegrüßet seist du.«

Das Ave Maria hat keinen Verfasser. Es ist ein Maria gewidmetes, christliches Grundgebet, das aus zwei Textstellen des Lukasevangeliums entstanden ist.

Die erste Stelle bezieht sich auf die Botschaft des Erzengels Gabriel, der Maria erschien, um ihr den Heilsplan Gottes, beginnend mit folgenden Worten, zu verkünden:

»Sei gegrüßt, du Begnadete!
Der Herr ist mit dir.«
Lk 1,28; Luther 1984

Nach der Verkündigung des Engels eilte Maria zu ihrer Verwandten Elisabeth, die ebenfalls ein Kind erwartete, das Johannes der Täufer werden sollte. Bei der Ankunft Marias hüpfte das Kind freudig in Elisabeths Bauch. Erfüllt von der Eingebung des Heiligen Geistes erkannte sie Maria als die Mutter des zukünftigen Herrn und sprach:

»Gepriesen bist du unter den Frauen,
und gepriesen ist die Frucht deines Leibes.«
Lk 1,42; Luther 1984

In dieser Form wurde das Gebet bereits im frühen Mittelalter gesprochen. Erst in den darauffolgenden Jahrhunderten fügte man auch die Bitte an Maria hinzu, die Papst Pius V. 1568 offiziell ins Stundengebet aufnehmen ließ. Das bedeutete damals, dass nach jedem Vaterunser auch ein Ave Maria gebetet werden sollte:

Heilige Maria, Mutter Gottes,
bitte für uns Sünder
jetzt und in der Stunde unseres Todes.
Amen.

Das Ave Maria ist das bekannteste Mariengebet und sowohl im Rosenkranz- als auch im Angelusgebet mit eingebunden. Über die Jahrhunderte hinweg entwickelte sich zunehmend seine Kraft und wurde für viele gläubige Menschen zu einem Herzensgebet.

Auch die orthodoxe Kirche, die Maria als Gottesgebärerin (griechisch: »Theotókos«) verehrt, kennt ein im Wesentlichen dem Ave Maria verwandtes Gebet, das die Bezeichnung Theotókion trägt.

Gottesgebärerin und Jungfrau, freue dich,
hochbegnadete Maria, der Herr ist mit dir.
Gesegnet bist du unter den Frauen,
und gesegnet ist die Frucht deines Leibes,
weil du den Retter unserer Seelen geboren hast.

Lobpreisen und Danken

Auf den Willkommensgruß ihrer Verwandten Elisabeth hin antwortet Maria mit einem Lobpreis an den Schöpfer, der mit dem lateinischen Wort »Magnificat« beginnt: »Magnificat anima mea Dominum.« (Übersetzt: »Meine Seele preist die Größe des Herrn.«) Dieses Freudenlied der Seele Marias ist auch ein Ausdruck ihrer Demut, ihrer Dankbarkeit und bezeugt ihre tiefe Liebe zum Göttlichen. Das »Magnificat« wurde zum Bestandteil des christlichen Abendgebetes und wurde auch von zahlreichen Komponisten vertont.

»Da sagte Maria:
Meine Seele preist die Größe des Herrn,
und mein Geist jubelt über Gott,
meinen Retter.
Denn auf die Niedrigkeit seiner Magd
hat er geschaut.
Siehe, von nun an preisen mich selig
alle Geschlechter.«
Lk 1, 46–48; Einheitsübersetzung

Das Göttliche zu preisen, das Leben zu segnen, Dankbarkeit zu empfinden, entspricht einer weisen Lebensführung. Wenn wir für das, was in unserem Leben bereits vorhanden ist, dankbar sind, beginnen wir, achtsamer zu sein und die großen und kleinen Dinge zu bemerken. Dies bahnt den Weg für ein noch stärkeres Hereinströmen der göttlichen Liebe, da wir uns öffnen und dadurch erst empfänglich werden. Dabei wird das Herz weiter und die Stimmung heller. Ein Danke hält nicht auf, es hält wach.

Aus dieser Geisteshaltung heraus lebte auch Franz von Assisi im 13. Jahrhundert – wohl eine der schillerndsten Gestalten der Menschheitsgeschichte –, der in seinem »Sonnengesang« Gott pries und die gesamte Schöpfung umarmte.

Der Rosenkranz

Der Rosenkranz ist »[...] kein Weg, sondern ein Raum, und er hat kein Ziel, sondern eine Tiefe. In ihm zu verweilen tut gut«,[3] schreibt der Theologe Romano Guardini in seinem Buch »Der Rosenkranz Unserer Lieben Frau« und bringt damit das Wesentliche dieser uralten Andachtsform zum Ausdruck.

Hierzu möchte ich Ihnen gern eine persönliche Erfahrung schildern. Obwohl ich aus einer katholischen Familie komme, war mir das Rosenkranzgebet bis vor Kurzem noch recht unbekannt. Ich wusste kaum, wie es gebetet wurde. Dies änderte sich erst, als ich vor einigen Jahren eine Kunstausstellung in einer Münchner Wallfahrtskirche präsentierte. Während ich dabei war, für meine Bilder einen Platz im Kirchenraum zu finden und sie entsprechend aufzuhängen, begann eine Gruppe von Frauen mit dem Rosenkranzgebet. Sie beteten laut und – wie mir schien – sehr hingebungs-

---

3 Guardini, Romano: »Der Rosenkranz Unserer Lieben Frau«. Matthias-Grünewald-Verlag, Mainz 1988, U1 (1. vordere Seite des Umschlags).

voll. Ich bemühte mich, nicht zu stören, und bewegte meine Leiter – und mich selbst – möglichst unauffällig hin und her. Dabei hörte ich ihre sich wiederholenden Worte. Nach und nach entstand in mir ein Gefühl von Vertrautheit, und seltsamerweise war ich in den Rhythmus der Worte mit eingebunden. Ich war still und sagte nichts. Doch mein Körper hatte nach einer Weile begonnen mitzubeten. In mir pulsierten die Worte des Gebetes und nahmen mich mit in ihren Raum hinein. Ich spürte darin eine beachtliche Kraft, die durch das Beten von Millionen von Menschen über Jahrhunderte hinweg entstanden war. In dieses Kraftfeld begibt sich der Betende, und in dieses begab auch ich mich nun und ließ mich davon tragen.

Alte Gebete, Wiederholungen und einfache Worte kennzeichnen den Rosenkranz. Durch das Rezitieren des Gebetes betreten wir den Raum der Einfachheit. Doch das genügt, um uns auf den Weg zu bringen, der uns zur Ruhe kommen lässt. So können wir von den Gedanken des Alltags Abstand gewinnen und neue Kräfte schöpfen. Hier haben wir die Möglichkeit, zu verweilen und uns innerlich zu sammeln.

Der Rosenkranz, wie er heute von katholischen Christen gebetet wird, entstand bereits vor mehr als 600 Jahren um 1400 herum und erfuhr dann über die Jahrhunderte hinweg eine Entwicklung. Seine Verbreitung ist unter anderem dem Adeligen Adolf von Essen zu verdanken, der in schwerer Not und Bedrängnis seine persönliche Zuflucht in der schlichten Gebetspraxis des »einfachen Volkes« fand, das im Gebet mehrere Ave Marias aneinanderreihte. Adolf von Essen gelang dadurch die Verbindung von mündlichem

Wiederholungsgebet mit der geistigen Betrachtung des Lebens Jesu.

Als Rosenkranz bezeichnet man sowohl das Gebet selbst als auch die Perlenkette, die für das Rosenkranzgebet verwendet wird. Dies erinnert auch an die Gebetsketten und –schnüre anderer Religionen. In seiner bekanntesten Form verbindet man in ihm eine regelmäßige Abfolge der Gebete Vaterunser, Ave Maria und Ehre sei dem Vater mit Worten, die auf das Leben Jesu Bezug nehmen. Der Rosenkranz stellt die heute am weitesten verbreitete und bekannteste Andachtsform der katholischen Kirche dar.

Der Rosenkranz besteht meist aus einem Kreuz und 59 Perlen. 54 davon – 50 kleinere und 4 größere – bilden eine zusammenhängende Kette. Eine der größeren Perlen stellt das Verbindungsglied zu einer kleineren Kette mit vier Perlen und dem Kreuz dar, mit dem man die Andacht beginnt. Der Betende bekreuzigt sich dabei und spricht das Glaubensbekenntnis mit dem Vaterunser bei der ersten Perle. Die nächsten Perlen stehen für drei Ave Marias mit dem Zusatz:

Jesus, der in uns den Glauben vermehre,
Jesus, der in uns die Hoffnung stärke,
Jesus, der in uns die Liebe entzünde.

Bei den größeren Perlen im Rosenkranz wird das Ehre sei dem Vater und das Vaterunser gebetet. Nach jeder solchen Perle folgen zehn Ave Marias, die auch als »Gesätz« (10er-Gebet) bezeichnet werden. Insgesamt gibt es fünf solcher Gesätze. In jedem 10er-Gebet wird mit dem Wort »Jesus« ein Nachsatz eingefügt, ein Geheimnis zum Leben Jesu und seiner Mutter Maria. Derzeit gibt es 20 Geheimnisse (in 5er-Gruppen aufgeteilt), die beim Rosenkranzgebet betrachtet werden. Dies sind je fünf Geheimnisse im freudenreichen, lichtreichen, schmerzhaften und im glorreichen Rosenkranz.

Die freudenreichen Geheimnisse
(Betrachtung der Menschwerdung Gottes und Kindheit Jesu):

Jesus, den du, o Jungfrau,
vom Heiligen Geist empfangen hast.
Jesus, den du, o Jungfrau,
zu Elisabeth getragen hast.
Jesus, den du, o Jungfrau,
in Bethlehem geboren hast.
Jesus, den du, o Jungfrau,
im Tempel aufgeopfert hast.
Jesus, den du, o Jungfrau,
im Tempel wiedergefunden hast.

Die lichtreichen Geheimnisse
(Betrachtung der besonderen Momente des öffentlichen Wirkens Jesu):

Jesus, der von Johannes getauft worden ist.
Jesus, der sich bei der Hochzeit in Kana
offenbart hat.
Jesus, der das Reich Gottes verkündet hat.
Jesus, der auf dem Berg verklärt worden ist.
Jesus, der uns die Eucharistie geschenkt hat.

Die schmerzhaften Geheimnisse
(Betrachtung der Passion Jesu):

Jesus, der für uns Blut geschwitzt hat.
Jesus, der für uns gegeißelt worden ist.
Jesus, der für uns
mit Dornen gekrönt worden ist.
Jesus, der für uns
das schwere Kreuz getragen hat.
Jesus, der für uns gekreuzigt worden ist.

Die glorreichen Geheimnisse
(Betrachtung der Auferstehung Jesu):

Jesus, der von den Toten auferstanden ist.
Jesus, der in den Himmel aufgefahren ist.
Jesus, der uns den Heiligen Geist gesandt hat.
Jesus, der dich, o Jungfrau,
in den Himmel aufgenommen hat.
Jesus, der dich, o Jungfrau,
im Himmel gekrönt hat.

Diese Geheimnisse verdeutlichen, dass der Rosenkranz inhaltlich ein Christusgebet ist, das sowohl die Marienverehrung als auch die Christusgläubigkeit miteinander verbindet. Über Maria betrachtet man das Leben ihres Sohnes.

Der Rosenkranz ist ein Wiederholungsgebet. Das meditative Wiederholen eines kurzen Gebetes war bereits im frühmittelalterlichen Mönchtum des Westens weit verbreitet. Das Ziel dieser Praxis war die Vertiefung in der Meditation, um sich somit ganz bewusst in der Gegenwart Gottes zu halten. In der Ostkirche kennt man analog dazu als kurze Wiederholungsgebete die Anrufungen Christi oder die Bitten an Maria. Eine solche Gebetsweise in ihrer wohl kürzesten Form finden wir im immerwährenden »Christusgebet«, wobei beständig der Name Jesus Christus wiederholt wird.

Im ostasiatischen Kulturkreis würde man diese Gebete wohl als Mantren bezeichnen. Das Wort Mantra stammt aus dem Sanskrit und bedeutet »heilige Silbe«, »heiliges Wort« oder »heiliger Vers«.

Einen weiteren Ursprung für das Wiederholungsgebet finden wir auch in einem Brauch aus dem 12. Jahrhundert. Dabei ließ man kirchliche Laien, die mit den Psalmen nicht vertraut waren, anstelle dieser das Vaterunser sprechen. Später wurde es üblich, an das Vaterunser auch einen Mariengruß anzufügen, wodurch die Abfolge des Ave Marias entstanden sein könnte. Schon im ausgehenden Hochmittelalter kam für sie die Bezeichnung »Rosenkranz« auf. Das Wort »Rosenkranz« stammt vom Lateinischen »rosarium«, das mit »Rosengarten« übersetzt werden kann. Dabei war zunächst ein um den Kopf getragener Blumenkranz das Vorbild. Solche Blumenkränze wurden während festlicher Feiern im Mittelalter getragen und galten auch als Symbol der Jungfräulichkeit. In Bezug auf den Bedeutungswandel des Begriffes vom Blumenschmuck zum Gebet gibt es eine schöne Legende. Laut dieser hatte ein Laienbruder (d.h. jemand, der keine Weihen empfangen hat) vor seinem Eintritt in ein Kloster der Jungfrau Maria stets einen Kranz aus Rosen geflochten und damit das Haupt ihrer Statue geschmückt. Durch die klösterlichen Regeln an der Fortsetzung dieses Brauches häufig gehindert, sei ihm durch die Gottesmutter selbst oder durch einen Mönch mitgeteilt worden, dass Maria 50 Ave Marias noch weit willkommener seien als ein Kranz von 50 Rosen.

Viele Gläubige pflegen den alten Brauch, im Mai und im Oktober Rosenkranzandachten zu besuchen. Der Mai gilt dabei als Marienmonat, der Oktober als Rosenkranzmonat. Für die Andachten wird bevorzugt ein Samstag gewählt, der seit dem Mittelalter Maria gewidmet ist und auch als »Frauentag« bezeichnet wird. So bereitet die Andacht am Samstag den sonntäglichen »Herrentag« vor.

Der Engel des Herrn

»Der Engel des Herrn«, auch Angelus genannt, ist ein katholisches Grundgebet, das morgens, mittags und abends gebetet wird. Benannt wurde es nach den Worten aus dem Lukasevangelium, mit denen es beginnt: »Der Engel des Herrn brachte Maria die Botschaft«. Das wenige Minuten andauernde Angelusläuten der Kirchenglocken in den christlichen Ländern stellt dabei eine Gebetseinladung dar. Von allen Gebeten ist der Angelus mit dem Rosenkranz am nähesten verwandt. Inhaltlich gesehen ist auch der Angelus Maria und Christus zuzuordnen, da das Leben beider betrachtet und über Maria zu Christus führt.

Wir haben auch hier wieder die Betrachtung der Menschwerdung Gottes, die von drei Ave Marias begleitet wird, und im Abschluss den Hinweis auf das Geheimnis der Erlösung und der Auferstehung Christi. So entspricht das Angelusgebet trotz seiner Kürze gleichzeitig dem freudenreichen, dem schmerzhaften und dem glorreichen Rosenkranz.

Seine endgültige heutige Form erhielt das Gebet etwas später als der Rosenkranz, nämlich im 16. und 17. Jahrhundert. Beide Gebete bilden im Grunde eine Einheit, vor allem wegen der inhaltlich gleichen Ausrichtung und ihres meditativen Charakters.

Über Jahrhunderte hinweg war das tägliche Angelusläuten das Kennzeichen katholischer Länder und Regionen gewesen. Durch dieses Läuten wurde der Rhythmus des Alltags bestimmt, und die Menschen erhielten dadurch einen Zeitmesser. Noch im 18. Jahrhundert wurden selbst Theater- und Opernaufführungen unterbrochen, z. B. an der Mailänder Scala, um beim Läuten der Glocken gemeinsam zu beten. Auch dies ist ein Beleg für die damalige tiefe Verwurzelung des Angelus in der Alltagskultur der Menschen und ein Zeichen ihrer Frömmigkeit.

Im Laufe des Tages tut es gut, innezuhalten, um wieder in Kontakt mit sich selbst zu kommen. Das Angelusläuten könnte als eine »Glocke der Achtsamkeit« erneut dazu einladen. Mir persönlich gefällt auch der Gedanke, dass ein Gebet ein Engel sein kann:

Der Engel des Herrn brachte Maria die Botschaft, und sie empfing vom Heiligen Geist.
Gegrüßet seist du, Maria …
Maria sprach: »Siehe, ich bin die Magd des Herrn; mir geschehe nach deinem Wort.«
Gegrüßet seist du, Maria …

Und das Wort ist Fleisch geworden
und hat unter uns gewohnt.
Gegrüßet seist du, Maria …
Bitte für uns, heilige Gottesmutter
(heilige Gottesgebärerin), (auf) dass wir
würdig werden der Verheißungen Christi.

Lasset uns beten.
Allmächtiger Gott,
gieße deine Gnade in unsere Herzen ein.
Durch die Botschaft des Engels haben wir
die Menschwerdung Christi,
deines Sohnes, erkannt.
Führe uns durch sein Leiden und Kreuz
zur Herrlichkeit der Auferstehung.
Darum bitten wir durch Christus,
unseren Herrn.
Amen.

Wo finden wir Maria? – eine Spurensuche

Auf der Spurensuche nach Marias Leben und Wirken kommen mir mehrere Textstellen aus dem Neuen Testament in den Sinn. Dort finden wir u. a. die Verkündigung, bei der der Erzengel Gabriel in den Lebensraum Marias tritt.

Eine weitere Stelle beschreibt die zuvor schon erwähnte Begegnung mit Elisabeth, ihrer Cousine, zu der sie nach der Verkündigung des Engels eilt und den Schöpfer preist.

Und wer kennt nicht den vertrauten Text aus dem Lukasevangelium, beginnend mit: »Es begab sich aber zu der Zeit, dass ein Gebot von dem Kaiser Augustus ausging, daß alle Welt geschätzt würde.« (Lk 2,1; Luther 1984) Diese Worte reichen aus, um bei Millionen Menschen auf dieser Welt eine besondere Wirkung zu erzeugen: das Gefühl von Weihnachten. »Und sie gebar ihren Erstgeborenen und wickelte ihn in Windeln und legte ihn in eine Krippe; denn sie hatten sonst keinen Raum in der Herberge.« (Lk 2,7; Luther 1912) Die Weihnachtsgeschichte geht zu Herzen und erweckt auch so manche Kindheitserinnerung.

Weiterhin findet sie Erwähnung ...
... bei der gemeinsamen Flucht mit Josef, dem treuen Begleiter an ihrer Seite, nach Ägypten,
... bei der Darbringung des Erstgeborenen im Tempel zu Jerusalem (auch »Darstellung des Herrn« genannt),
... bei der Suche nach dem zwölfjährigen Jesus, die drei Tage währt, bis sie und Josef ihn schließlich im Tempel wiederfinden,

... bei Jesu erstem Wunderwirken im Zuge der Hochzeit zu Kana.

Dann tritt Maria hinter dem öffentlichen Wirken Jesu zurück, und es wird still um sie. Am Tage der Kreuzigung ist Maria wieder sichtbar. Sie begleitet ihren Sohn auf dem Weg der Passion, steht unter dem Kreuz als Schmerzensmutter, und es bewahrheitet sich, was ihr der Prophet Simeon im Tempel von Jerusalem im Hinblick auf die zukünftigen Geschehnisse um ihren Sohn prophezeite: »Und es wird ein Schwert durch deine Seele dringen.« (Lk. 2,35; Luther 1912).

Sie erlebt an Ostern die Begegnung mit dem auferstandenen Christus, wird Zeugin von Pfingsten und zu einem wichtigen Mitglied der Urgemeinde von Jerusalem. Vermutlich wirkte sie danach im Verborgenen weiter und begleitete die Jünger mit ihrem Gebet.

Was kommt mir sonst noch in den Sinn? Ich erinnere mich an die vielen Marien-Wallfahrtsorte, so z.B. das französische Städtchen Lourdes, das durch Bernadette Soubirous – einem jungen Mädchen, das dort im Jahre 1858 mehrere Marienerscheinungen hatte – bekannt wurde. Ihr begegnete dabei eine schöne Dame mit Rosen zu ihren Füßen. Auf den Rat des örtlichen Pfarrers hin – der bemüht war, die Sachlage zu klären – fragte das Mädchen nach dem Namen dieser Dame. »Ich bin die unbefleckte Empfängnis«, lautete die Antwort und gab damit die Gottesmutter zu erkennen. Denn Maria gilt – zumindest im katholischen Glauben – als unbefleckt Empfangene. Sie wurde von ihrer Mutter Anna – durch göttliche Gnade – ohne Erbschuld geboren. So konnte Maria das reine Gefäß sein, das im weiteren Verlauf Christus gebar. Das Wort Erbschuld ist nicht einfach zu verstehen. Für mich ist damit eine Traglast gemeint, die von Generation zu Generation weitergereicht wird, bis sie erlöst ist. Sie beinhaltet all das, was durch unsere Entfernung von Gott und die Lieblosigkeit entstanden ist. Und manchmal, wenn wir keine persönliche Traglast mehr haben, kann es sein, dass wir für jemand anderen das Tragen übernommen haben, aus Liebe und aus der Bereitschaft heraus zu dienen. Im östlichen Kulturkreis würde man vielleicht von negativem Karma sprechen. Maria gab Bernadette Soubirous während einer ihrer Erscheinungen einen Hinweis auf eine bislang unentdeckte Quelle in Lourdes. Diese Quelle in der Grotte Massabielle ist heutzutage ein bekannter Wallfahrtsort. Ihre heilsame Kraft und die fühlbare Präsenz Marias an diesem Ort lässt jährlich Tausende von Menschen dorthin strömen.

In Hinblick auf Maria werden mir die vielen kleinen und großen Zeichen bewusst, die mich immer neu an sie erinnern, und mich ihre Nähe spüren lassen – sei es eine kleine Statue an einer Häuserwand beim Abendspaziergang, die mir ins Auge fällt, ein Marienmedallion, das von einem Unbekannten überreicht wird, Menschen, die Maria heißen, ein Rosenstrauch, die Farbe Blau und vieles mehr. Es sind oft kleine Dinge, die einen aufhorchen lassen und zu sagen scheinen: »Erinnere dich, wer du bist. Erinnere dich, dass ich bei dir bin.« So lässt sich Maria finden.

Maria wird auch in den apokryphen Evangelien (= religiöse Schriften, die nicht zum Bibelkanon gehören) erwähnt, so z.B. im Jakobusevangelium, das die Kindheit Jesu beschreibt. Natürlich gibt es noch wesentlich mehr Schriften und Zeugnisse über die historische Maria, bedeutende Wallfahrtsorte, zahlreiche Marienerscheinungen und bezeugte Ereignisse, bei denen sie Menschen half – doch darum geht es hier nicht wirklich. Mir ist es wichtig, Marias Gegenwart im Hier und Jetzt zu spüren, und zu erkennen, was wir von ihr lernen dürfen.

Von Maria lernen

Der Weg Marias ist ein Sinnbild für unendliches Vertrauen in die Liebe Gottes. Sie lebt die bedingungslose Hingabe an den göttlichen Plan.

Gleichzeitig öffnet sie sich für das Licht, empfängt es und lässt sich davon verwandeln.

Maria glaubt. Sie vertraut und lässt sich führen. Auch durch die Wegstrecken des Nichtwissens hindurch. Ihr Herz weiß, und das genügt.

Maria ist sich der besonderen Gnade bewusst, die ihr zuteil wird. Sie zeigt dies durch ihre Dankbarkeit und eine tiefe Demut, die aus Liebe geboren wird und ihre Stärke ist.

Es erfordert Mut, sich auf etwas so Neues einzulassen, wie es ihr geschieht. Sie hat keine Vergleichsmöglichkeit, keine Zeit, lange zu überlegen, Pläne zu machen, zu kontrollieren. Sie muss sich sofort entscheiden. Sie entscheidet sich klar und aus dem Herzen heraus. »Ich bin die Magd des Herrn; es geschehe mir nach deinem Worte.« (Lk 1,38; Elberfelder 1905)

Nachdem sie ihr JA-Wort gibt, hält sie es aufrecht, auch durch schwierige Zeiten hindurch und zeigt darin ihre Treue und die Kraft der Beständigkeit. Sie durchlebt die Höhen und Tiefen dieses Weges und kennt die Notwendigkeiten des Alltags – als Mutter, als Frau, als Vertraute von Jesus.

Maria nutzt die Kraft der Stille. Sie »behielt alle diese Worte und bewegte sie in ihrem Herzen«. (Lk ,19; Luther 1912) Und das Herz ist der Ort der Liebe.

Maria ist vor allem eine Liebende. Ihre Liebe nährt und umsorgt das göttliche Kind. Sie hält es an der Hand. Von ihr lässt es sich führen. In den frühen Jahren der Kindheit und der Jugend Jesu ist sie stets an seiner Seite. Ihr Leben ist auf Christus ausgerichtet, auch dann, als er vor die Öffentlichkeit tritt. Auf ihn verweist sie mit den Worten: »Das, was er euch sagt, das tut.« (Joh 2,5; Luther 1984) Bei Maria bleiben wir nicht stehen. Sie ist eine Wegbegleiterin, eine Mittlerin. Sie leitet uns weiter zu Christus.

In Maria, der Jungfrau, die das göttliche Kind empfängt, finden wir übrigens auch ein Urbild, das für uns zukunftsweisend ist. Anselm Grün bezeichnet dies gar als Symbol für den Beginn einer neuen Schöpfung. »Jeder von uns ist eine Jungfrau, die Mutter werden soll, die Gottes Sohn zur Welt bringen soll [...] Von Gott sollen wir schwanger werden.«[4]

Das Leben von Maria zeigt uns einen Weg, den auch wir gehen können.

So wie Maria bereit zu sein, in Hingabe an das Göttliche zu leben, das Licht aufzunehmen, sich da-

---

4 Grün, Anselm; Reitz, Petra: »Marienfeste. Wegweiser zum Leben«. Münsterschwarzach 1987, S. 41.

von verwandeln zu lassen, um Christus aus dem Inneren hervorzubringen – das können wir von Maria lernen.

»*Der Geist Marias ist mild und stark,*
eifrig und klug, demütig und mutig,
rein und fruchtbar.«
Ludwig Maria Grignion von Montfort
(1673–1716)

Durch Maria zu Christus

In diesen Betrachtungen über Maria kommt eine verehrende Haltung zum Ausdruck. Wir bewegen uns eben im Geiste der Marienspiritualität. Es ist jedoch wesentlich, zu erkennen, dass diese Verehrung nicht bei Maria stehenbleibt, sondern über sie zu Christus weiterführt. »Per Mariam ad Christum« (= »durch Maria zu Christus«) werden wir zu ihm geleitet, um ihm zugehörig zu sein.

Ludwig Maria Grignion von Montfort (1673–1716), französischer Missionar und Ordensgründer, schrieb bereits zu Beginn des 18. Jahrhunderts sein »Traktat über die wahre Marienverehrung«. Dieses Manuskript – etwa 100 Jahre nach seinem Tod eher zufällig in einer Klosterbibliothek entdeckt – entwickelte sich zu einem Klassiker der Marienfrömmigkeit und prägte nachfolgende Generationen in ihrer Verehrung der Muttergottes. Im 20. Jahrhundert wurden seine Schriften unter der Bezeichnung »Das goldene Buch« neu herausgegeben. Das Bestreben des Autors war, zu zeigen, dass der Weg zu Christus über Maria führt und wahre Marienspiritualität ihrem Wesen nach auf Christus bezogen ist. Alle Betrachtung von Maria diene dazu, noch tiefer in das wahre Geheimnis der Menschwerdung Gottes einzudringen, um zu Jesus, zu Gott zu gelangen. »Jesus Christus«, so schreibt Grignion von Montfort, »[...] muß das letzte Ziel all unserer Andachtsübungen sein [...] Er allein soll unser Lehrer sein, der uns unterrichtet, unser Herr, von dem wir abhängen, unser Haupt, dem wir angehören, unser Vorbild, nach dem wir uns gestalten, unser Arzt, der uns heilt, unser Hirt, der uns nährt, unser Weg, der uns führt, unsere Wahrheit, die wir glauben, unser Leben, das uns belebt, unser ein und alles, das uns genügt.«[5]

Die Verehrung von Maria sei dabei notwendig, »[...] um Jesus Christus vollkommen zu finden, ihn zärtlich zu lieben und ihm treu zu dienen«[6]. Dies ist möglich, weil Maria völlig auf Christus und durch ihn auf Gott bezogen ist und uns somit als eine vermittelnde Kraft dienen kann: »Du denkst schließlich niemals an Maria, ohne daß sie statt deiner an Gott denkt, niemals lobst und ehrst du Maria, ohne daß sie dasselbe Gott gegenüber tut. Maria steht in innigster Beziehung zu Gott, [...] ist gleichsam das Echo Gottes.«[7]

»Unsere ganze Vollkommenheit«, so schreibt Grignion von Montfort weiter, bestehe darin, »Christus ähnlich, mit ihm vereint und ihm geweiht zu sein [...] Da nun aber Maria von allen Geschöpfen Christus am ähnlichsten ist, so folgt daraus, daß die Verehrung Marias, der Mutter Christi, uns am meisten ihm gleich werden lässt und ihm weiht.«[8] Diese Beziehung zwischen Sohn und Mutter sei etwas Einzigartiges, denn Maria »ist durch die Gnade so in dich verwandelt, daß sie nicht mehr selber lebt, nicht selber ist. Du allein, mein Jesus, lebst und herrschst in ihr.«[9]

5 Montfort, Louis-Marie Grignion von: »Das goldene Buch«. LINS-Verlag, Feldkirch 1987, S. 61.
6 Ebd., S. 62.
7 Ebd., S. 225.
8 Ebd., S. 120.
9 Ebd., S. 63.

Oder gleich zu Christus?

Manche Menschen treibt die Sorge um, dass die Marienverehrung uns von Christus, dem der Vorrang gebührt, ablenkt. Ist der Weg über Maria notwendig oder ein Umweg? Wäre es nicht sinnvoller, den direkten Weg zu Christus zu wählen? Ein Salesianer-Pater half mir in meinem Zwiespalt weiter und erklärte, dass Gott ja bekanntlich den Weg zu uns über Maria nahm. Warum sollten wir im Umkehrschluss nicht ebenfalls diesen den Weg zu ihm gehen? Als Österreicher ist der Pater im Kulturkreis der Marienverehrung aufgewachsen. In diesem Umfeld war Maria spürbar gegenwärtig und sich an sie zu wenden einfach selbstverständlich. Man ging zu Maiandachten und betete den Rosenkranz. Man spürte ihre Nähe. Jemand, der dies jedoch nicht kennt, dem dieses Leben mit starkem Marienbezug fremd ist, kann einen anderen Weg nehmen. Vielleicht ist dann dessen Bezug zu Christus größer, und so wendet er sich dann direkt an ihn. Welchen Weg wir schließlich wählen – ob über Maria oder Jesus –, ist nebensächlich, da beides schließlich zum gemeinsamen Ziel, zur Einswerdung mit Christus führt. »Man kann sogar sagen, dass Christus selbst, wie seinem Apostel Johannes auf Golgota, demjenigen, der sich bemüht, ihn anzuerkennen und zu lieben, seine Mutter zeigen wird.«[10] Möglicherweise bedeutet dies, dass Jesus bereits damals auf den weiblichen Weg der Hingabe aufmerksam machte und uns damit die Richtung wies.

---

10 Papst Johannes Paul II, aus: André Frossard: »Dialog mit Johannes Paul II.«. 1982.

Tatsächlich wurde auch ich erst über Maria auf diesen Weg aufmerksam – und gerade in einer Zeit, in der mein Leben voller neuer Herausforderungen war. Immer mehr wurde mir dabei die Bedeutung von »vertrauen dürfen« bewusst, ohne das die Bereitschaft zur Hingabe nicht wachsen kann, weil die vorhandenen Ängste übermächtig sind. In dieser Zeit dachte ich viel über Vertrauen nach, mein Vertrauen in das Leben allgemein und schließlich mein Urvertrauen in Gott. Ich betete um Stärkung meines Vertrauens und um Heilung meiner angstbasierten Gedanken. Durch dieses achtsame Verweilen beim Bedeutungsinhalt von »vertrauen dürfen« und durch die Besinnung darauf wuchs in meinem Bewusstsein ein neuer, tragender Boden, in dem ich mich – sinnbildlich gesehen – verankern durfte.

Das war der Nährboden, aus dem allmählich ein Keimling der Hingabe erwachsen konnte. Es war zumindest ein Versuch, diese Haltung im Leben mehr einzuüben und diesem Geist Raum zu geben. Maria war mir dabei ein großes Vorbild. Sie ging bereits diesen Weg. Sie zeigte ihn auf. Er wird dadurch sichtbar und klar. Wenn es uns gelingt, zurückzutreten und IHM (Gott als höchste Kraft der Liebe und des Lichtes) die Führung zu überlassen, beginnt sich unser Leben in eine Richtung zu entwickeln, der wir tatsächlich folgen sollten, begleitet von einem Zustrom neuer Kraft und Freude. Es ist nicht notwendig, beständig in Aktion zu sein und für ein erfülltes, gutes Leben pausenlos zu kämpfen. Es ist nicht notwendig, alles durchzuplanen und zu kontrollieren. ER hat die Kontrolle, und ER macht es gut. Der weibliche Weg öffnet uns für IHN, führt uns zur Liebe hin und lässt das Gute zu uns kommen.

»Heilige Maria, Mutter Gottes,
du hast der Welt das wahre Licht geschenkt,
Jesus, deinen Sohn – Gottes Sohn.
Du hast Dich ganz
dem Ruf Gottes überantwortet
und bist so zum Quell der Güte geworden,
die aus ihm strömt.
Zeige uns Jesus. Führe uns zu ihm.
Lehre uns ihn kennen und ihn lieben,
damit auch wir selbst
wahrhaft Liebende
und Quelle lebendigen Wassers
werden können
inmitten einer dürstenden Welt.«

Papst Benedikt XVI., Schlussgebet der Enzyklika
»DEUS CARITAS EST«
© LIBRERIA EDITRICE VATICANA

Maria und die Freude

In St. Maria (Thalkirchen), einer besonders schönen Wallfahrtskirche in München, durfte ich erleben, was Freude im Zusammenhang mit Maria bedeutet. Der Anlass war ein Konzert zweier italienischer Musiker mit Orgel und Mundharmonika. Die Kombination dieser beiden Instrumente war im ersten Moment etwas ungewöhnlich, und ich war neugierig, wie sie zusammen klingen. Neben klassischen Stücken wie Beethovens »Ode an die Freude« wurde auch Filmmusik gespielt und zum Abschluss eine eigene moderne Improvisation. Das Gnadenbild der Kirche, das eine sitzende gotische Madonna mit Kind zeigte, beide umgeben von einem Strahlenkranz und Engeln, schien sich für mich plötzlich zu bewegen, und ich hatte das Gefühl, als würde Maria selbst bei diesen Klängen freudig mittanzen. Eine fröhliche Stimmung breitete sich auch unter den Zuhörern aus, die um weitere Zugaben baten. Mir wurde in diesem Zusammenhang deutlich, dass Maria Freude bedeutet, auch wahre Lebensfreude, die sinnlich, humorvoll und großherzig ist. »Lebt euer Leben wach. Seid da. Seid bereit. Genießt es, liebt es und feiert jeden Tag die Freude!«, könnte ihre Weisung an uns sein. Die abschließenden Worte des Gemeindepfarrers bestätigten mein Empfinden: »Sich mit Maria zu verbinden, setzt unendliche Kräfte frei, vor allem jene Kraft, die da Freude heißt.«

Die Bedeutung von Bildern

Das menschliche Gehirn erschafft beständig neue Bilder. Es ist ein bildgebendes Organ. Denken wir an bestimmte Worte, so haben wir sofort ein Bild dazu vor Augen. Erinnern Sie sich an die alte Geschichte mit dem blauen Elefanten, wenn man sagt: »Denken Sie nicht an einen blauen Elefanten!«? Kaum gedacht – schon ist er da. Ebenso hinterlässt jedes Lebensereignis Bilder in uns, die bewusst oder unbewusst in uns abgespeichert werden. Sobald wir sie wieder hervorholen – vielleicht, indem wir sie malen – werden Erfahrungen und Lebensthemen wieder sichtbar. Bilder haben die Kraft, etwas auf den Punkt zu bringen. Und oftmals bringen sie uns selbst »auf den Punkt«, sie helfen uns, zur Ruhe zu kommen und uns zu zentrieren. Manch komplexer Zusammenhang wird durch ein Bild leichter und schneller erkennbar. Verbinden wir nun Gebetsinhalte mit Bildern – so wie in diesem Buch –, eröffnen sich uns dadurch neue Wege im Fühlen und Verstehen. Der Bildinhalt wird für uns dadurch leichter zugänglich.

Das Malen der Bilder zum Ave Maria empfand ich als kostbare Erfahrung, durch die ich mich mit der Muttergottes sehr verbunden fühlte. Ich spürte, dass beim Malen des Gebetes ein nährendes Kraftfeld entstand, das mich liebevoll trug und mir ein Gefühl von Ruhe und Gelassenheit schenkte. Ähnliche Erfahrungen machen möglicherweise auch Ikonenmaler, für die der Malvorgang selbst eine Art »heiliger Akt« und das dabei entstandene Bild ein »Fenster zum Licht« ist. Das Bild dient als Brücke in die Geistige Welt, über die das Licht aus höheren Dimensionen auch in die irdische hereinströmen kann. So entsteht eine Verbindung. Wir können uns also über Bilder verbinden, ob wir nun selbst malen oder ein Bild betrachten. Was dabei zählt, ist, dass es uns im Herzen berührt.

Die Farbe Marias

Neulich machte ich auch die Erfahrung, dass allein schon die Verwendung einer Farbe uns dabei unterstützen kann, die Verbindung zur Geistigen Welt zu verstärken. Ich füllte einen ganzen Papierbogen nur mit blauer Aquarellfarbe, um Maria, die ich mit Blau assoziiere, wieder intensiver wahrnehmen zu können. Dies funktioniert tatsächlich und ist eine Möglichkeit, Maria zu finden. Vielleicht möchten Sie das auch einmal ausprobieren?

In der Kunst des Mittelalters war die Farbe Blau, insbesondere das kostbare Ultramarin, der Darstellung Marias vorbehalten. So ist sie in Bildern nicht nur durch die Konstellation mit dem Jesuskind, sondern auch sofort über die Farbgebung erkennbar. Ultramarin, das aus dem Edelstein Lapislazuli gewonnen wurde, hat seinen natürlichen Ursprung in Persien und im Hindukusch. Es war schwierig zu beschaffen und legte einen weiten Weg zurück, bis es in die europäischen Ateliers kam. Entsprechend hoch war damals auch der Preis. Die Kostbarkeit dieser Farbe mag ein Grund dafür gewesen sein, dass man sie verwendete, um die Einzigartigkeit der Muttergottes zu unterstreichen. Darüber hinaus steht Blau in der Farbsymbolik des Christentums für die Kräfte des Himmels. Maria, in einen blauen Mantel gehüllt – darunter befindet sich traditionell ein rotes Kleid –, wird dadurch auch in ihrer »Vermittlerfunktion« zwischen himmlischen und irdischen Sphären gezeigt.

Der Weg zur Mitte

Nicht immer verlaufen unsere Wege geradlinig. Wir gehen so viele Umwege und durchwandern Labyrinthe. Wer von uns kennt nicht den Dornwald, als Sinnbild für schwierige Phasen des Lebens, für die Wunden, die dabei entstanden sind, und für das Gefühl von tiefem Schmerz? Es dauert meist ein Weilchen, bis wir beginnen, zu verstehen, wie es auch leichter geht und dass alle Wege nur die eine Absicht haben, nämlich, uns zurück nach Hause, in die Liebe, zu führen.

Das Labyrinth

Eine besondere Form des Weges ist das Labyrinth. Es ist im ursprünglichen Sinn kein Irrgarten, der Sackgassen und mehrere Möglichkeiten hindurchzugehen enthält. Ein Labyrinth hat nur einen Weg, der zwar verschlungen und meist lang ist, letztendlich aber doch zur Mitte führt. Nicht immer haben wir dabei das Gefühl, dass wir uns zur Mitte hin bewegen, und oft denken wir, dass wir uns sogar von ihr entfernen. Zweifel kommen auf, unser Vertrauen wird geprüft. Erst im Nachhinein zeigt sich uns vielleicht ein tieferer Sinn, und die stete Hinführung auf ein Ziel wird deutlicher. So ist das Labyrinth über die Zeiten hinweg ein Gleichnis für den langen Weg zu uns selbst, mit all den scheinbaren Umwegen, die uns ermöglichen, Erfahrungen und Erkenntnisse zu sammeln.

Neulich entdeckte ich im oberbayerischen Städtchen Glonn (bei den Herrmannsdorfer Landwerkstätten) ein Labyrinth, das um einen Berg herum errichtet worden war. Das Ziel war auch hier, zur Mitte – nämlich auf die Spitze des Berges – zu gelangen. Und obwohl ich gern nach oben wollte, führte mich der Weg, als ich etwa die Hälfte des Berges erreichte, zunächst einmal wieder hinunter. Fragen und Zweifel kamen auf. »Wohin gehe ich eigentlich? Ist mein Weg noch richtig? Vielleicht nehme ich doch lieber eine Abkürzung?« Einzig eine rote Kordel, die den ganzen Weg säumte, die beim Aufstieg rechterseits verlief und beim Abstieg linksseitig, gab mir die Gewissheit, dass alles stimmte. So bewegte ich mich auf sogenannten Umwegen um den Berg herum, die mich teils nach unten, teils wieder nach oben zu führen schienen, und ich gelangte schließlich doch auf den Gipfel des Berges. Mich lehrte dieser verschlungene Weg Vertrauen und Geduld.

Betrachten wir das Leben Marias, so sehen wir auch in ihrem Leben große Herausforderungen und Nöte. Ihr Weg war nicht geradlinig. Sie wusste vielleicht auch nicht immer genau, was kommen wird. Gewiss gab es auch bei ihr Zeiten des Zweifels und der Verunsicherung. Was half ihr, ihrem Weg treu zu bleiben und weiterzugehen? War es ihr tiefes Vertrauen? Ihre unendliche Liebe zum Göttlichen? Wohl beides.

Auch in unserem Leben findet sich meist ein »roter Faden«, der uns den Weg weist und uns dabei unterstützt, an das Ziel unserer Reise zu gelangen.

Der Dornwald

»Maria durch ein Dornwald ging« ist ein altes Volkslied, das ursprünglich ein Wallfahrtslied war. Heute wird es vielfach in der Adventszeit gesungen und nimmt inhaltlich Bezug auf den Weg Marias zu Elisabeth, wie im Lukasevangelium geschildert. Dieser Weg führt durch einen Dornenwald, der laublos und unfruchtbar ist und sinnbildlich für Schmerz und Tod steht. Doch während Maria mit dem göttlichen Kind »unter ihrem Herzen« durch diesen Wald zieht, ereignet sich ein Wunder, und aus den Dornen erblühen Rosen.

Wichtig dabei ist, zu verstehen, dass sich die Dornen nicht in Rosen verwandeln, sondern dass zunächst die Dornen da sind, aus denen Rosen wachsen.

Der Dornwald ist auch in unserem Leben vorhanden, das, ähnlich dem Leben Marias, auch schmerzhafte Erfahrungen kennt. Was jedoch lässt darauf hoffen, dass sich schließlich alles zum Guten wendet? Der Schlüssel liegt im »Kindlein« verborgen: »Was trug Maria unter ihrem Herzen? Ein kleines Kindlein ohne Schmerzen«. Es ist das göttliche Kind, Christus, das Sinnbild der Liebe. Durch Christus kann Heilung geschehen und das Leben erblühen.

Maria durch ein Dornwald ging,
Kyrie eleison.
Maria durch ein Dornwald ging,
der hat in sieben Jahrn kein Laub getragen.
Jesus und Maria.

Was trug Maria unter ihrem Herzen?
Kyrie eleison.
Ein kleines Kindlein ohne Schmerzen,
das trug Maria unter ihrem Herzen.
Jesus und Maria.

Da haben die Dornen Rosen getragen,
Kyrie eleison.
Als das Kindlein durch den Wald getragen,
da haben die Dornen Rosen getragen.
Jesus und Maria.

Das Schmerzhafte in unserem Leben ist oftmals ein Hinweis darauf, dass wir mehr Mitgefühl und Liebe entwickeln und auch zeigen sollen. Damit ist auch die Liebe zu uns selbst gemeint, ohne die wir uns für andere nicht gänzlich öffnen können. Die dahinterliegende göttliche Weisheit verfolgt nur ein einziges Ziel, nämlich, »[a]lles Gefallene wieder zurückzuholen ins

LICHT«[11]. So schreibt es Peter Allmend in seinem Buch »Einfachheit«. Auch wenn wir uns dem Göttlichen zuwenden, bleibt die Erfahrung des Schmerzes – als ein Mittel, um unsere Seele zum Wachstum zu führen – vermutlich nicht aus. Doch wird der Schmerz dadurch wesentlich zielführender und unnötiges Leid vermieden. Wir erkennen Sachverhalte schneller. Wir versöhnen uns rascher. Wir betreten die rechten Wege. Durch die Liebe schließlich wird alles verwandelt und veredelt. Dann können aus Dornen Rosen wachsen.

> *» Der Liebe größte Gabe ist ihre Fähigkeit, alles, was sie berührt, heilig zu machen.«*
> *Rumi (1207–1273)*

Übrigens finden wir die Symbolbilder »Dornen« und »Rosen« auch in manchen Legenden und Märchen wieder. So gibt es beispielsweise die Legende vom »Rosenwunder« der Hl. Elisabeth von Thüringen. Sie war eine mildtätige, gütige Frau und brachte, verborgen in ihrem Mantel, Brote zu den Armen. Das wurde von ihrem adeligen Umfeld nicht gern gesehen, und so wurde sie beim Verlassen des Hofes zur Rede gestellt. Sie sollte zeigen, was sich unter ihrem Mantel befand. Doch als Elisabeth den Mantel öffnete, waren die Brote in Rosen verwandelt. Aufgrund ihrer Barmherzigkeit und Nächstenliebe blieb die Erinnerung an die Hl. Elisabeth, die zu Beginn des 13. Jahrhunderts

---

11 Allmend, Peter: »Einfachheit«. Aquamarin Verlag, Grafing 2015, S. 60.

lebte, bis in die heutige Zeit lebendig. Sie wird übrigens auch im protestantischen Christentum verehrt.

Das bekannteste Märchen mit der Rosen- und Dornensymbolik ist wohl Dornröschen. Es erzählt die Geschichte von einem verzauberten Königreich, das sich in einem tiefen Schlaf befindet. Das Schloss ist von einer mächtigen Dornenhecke umgeben, die unüberwindlich erscheint und jeglichem Versuch, sie zu bezwingen, standhält. Es braucht da schon einen beherzten Prinzen, dessen feste Absicht es ist, zur Königstochter zu gelangen. Es gelingt ihm auch, er findet sie, und im Moment, in dem er sie küsst, erwacht sie aus dem Schlaf. Daraufhin erblüht das Königreich, und aus den Dornen wachsen Rosen. Wer könnte dieser Prinz wohl sein? Ist es vielleicht gar das »Kindlein«, von dem schon im vorangegangenen Lied die Rede ist? Also Christus, die erlösende, erweckende Kraft? Möglich wäre es doch ...

Der Rosengarten

Die griechische Dichterin Sappho bezeichnete bereits 600 v. Chr. die Rose als die »Königin der Blumen«. Sie steht symbolisch für Liebe und Schönheit. Schon im antiken Griechenland wurde sie verehrt und zum Attribut der griechischen Göttin der Liebe, Aphrodite, und ihrem späteren römischen Pendant, der Göttin Venus.

In der christlichen Symbolik wird Maria oft im Zusammenhang mit Rosen erwähnt. Die »Königin der Blumen« scheint eine passende Begleiterin für die »Königin des Himmels« bzw. für die »Königin der Engel« zu sein – Titel, die ihr im katholischen Glauben zugesprochen werden. Weitere Namen, mit denen man Maria versieht, sind: die »Himmlische Rose«, die »Geheimnisvolle Rose«, die »Rose ohne Dornen« oder auch der »Rosengarten«.

In vielen künstlerischen Darstellungen des Mittelalters finden wir Bilder von »Maria im Rosenhag« oder auch »Maria im Paradiesgarten«. Dabei stellt dieser »heilige« Garten einen geschützten Raum dar, der ein Abbild des Himmels auf Erden symbolisiert. Darin befindet sich Maria mit dem Jesuskind, manchmal auch mit Engeln oder anderen Heiligen. Das Leben im Rosengarten, im Paradiesgarten, inmitten von Harmonie und Frieden, ist eine bildliche Vorstellung für das Leben in Einheit mit dem Göttlichen. Dies wäre ein Ankommen, ein spirituelles Nach-Hause-Kommen am Ende einer langen Reise, wenn wir uns wieder der Vorstellung des Weges zuwenden.

Die Symbolik der Rose finden wir auch in der Lichtarchitektur gotischer Kathedralen, und zwar in den Rosetten der Kirchenfenster. Der Begriff »Rosette« stammt aus dem Französischen und bedeutet »kleine Rose«. Die damaligen Baumeister nutzten das durch die kunstvollen Kirchenfenster einfallende Licht dazu, das Transzendente zu verdeutlichen, und gaben mit ihrer Hinwendung zum Licht einen Weg vor, den Menschen beschreiten können, um sich mit ihren geistigen Ursprüngen zu verbinden. Über den Lichtstrahl finden wir wieder zurück zu Gott. Die Fensterrose, die Rosette, stellt meist ein großes, rundes Blütenrad dar, in dessen Mitte sich die Speichen des Rades treffen. Ähnlich dem Mandala – das Wort »Mandala« stammt aus dem Sanskrit und bedeutet »Kreis« – hat es eine meditative, zentrierende Kraft. Alles führt hier zur Mitte hin, die das Göttliche, die Liebe und die Vollkommenheit symbolisiert. In der Kathedrale Notre Dame von Chartres zum Beispiel, eine der bedeutendsten gotischen Kathedralen in Frankreich, die übrigens nie zerstört wurde und seit 1979 zum Weltkulturerbe der UNESCO gehört, finden wir zwei besondere Rosetten vor: In der einen thront in der Mitte Maria mit dem Jesuskind und in der anderen Jesus Christus.

Oh, wer um alle Rosen wüsste,
dir rings in stillen Gärten stehn –
oh, wer um alle wüsste, müsste
wie im Rausch durchs Leben gehn.

Du brichst herein mit rauen Sinnen,
als wie ein Wind in einem Wald –
und wie ein Duft wehst du von hinnen,
dir selbst verwandelte Gestalt.

Oh, wer um alle Rosen wüsste,
die rings in stillen Gärten stehn –
oh, wer um alle wüsste, müsste
wie im Rausch durchs Leben gehn.
Christian Morgenstern (1871–1914)

Etwa 60 km südlich von München, am Fuße der Benediktenwand, liegt das malerische Kloster Benediktbeuern, das vom Orden der Salesianer geführt wird. Es ist ein wichtiges spirituelles sowie kulturelles Zentrum in Oberbayern und ein heilsamer Ort, an dem es der Seele guttut, zu verweilen. Dazu lädt auch ein mit verschiedenen Pflanzen in Form eines Labyrinthes angelegter Meditationsgarten ein, in dessen Nähe – umrahmt von Rosensträuchern – das oben erwähnte Gedicht von Christian Morgenstern auf einer Hinweistafel zu finden ist. Im Zuge einer meiner Kunstausstellungen lernte ich diesen Ort kennen und fühle mich seither dem Kloster und vielen Menschen dort sehr verbunden.

Der Weg der Achtsamkeit

Die Achtsamkeit ist ein Weg, um Körper und Geist wieder zusammenzufügen. Denn oftmals sind wir durch unseren Körper zwar anwesend, aber in Wirklichkeit gar nicht da, weil unser Geist abschweift. Durch Achtsamkeit nehmen wir eine innere Haltung ein, die eine bewusste Wahrnehmung und Wachheit für das Hier und Jetzt ermöglicht. Mit Achtsamkeit beginnt die Reise zu uns selbst.

Vor einigen Jahren fiel mir ein Buch über die »Gehmeditation« von Thích Nhất Hanh, einem aus Vietnam stammenden Zenmeister in die Hände. Er gründete in Südfrankreich, in der Nähe von Bordeaux, das spirituelle Zentrum »Plum Village«, wo man u. a. auch diese Gehmeditation einüben kann.

In seinem Buch beschreibt er die Bedeutung der Achtsamkeit, selbst bei scheinbar einfachen Tätigkeiten wie dem Gehen. Wichtig ist dabei, ganz bei dieser einen Handlung zu sein. Er lehrt, wie man Schritt für Schritt seinen Weg beschreitet und dabei auf den Atem achtet. Schweifen die Gedanken ab, so gilt es, diese wieder in den Augenblick zurückzuholen und ganz im Gegenwärtigen präsent zu sein. Mit dieser Haltung nehmen wir das Leben intensiver wahr. Es kann sich so bemerkbar machen und in seiner Fülle zu uns strömen. Wir gehen an den Dingen und Menschen nicht mehr achtlos – schon im Gedanken beim nächsten Tun – vorüber, sondern wir erleben sie wirklich. Der Reichtum unserer Sinneseindrücke, die Fülle des Lebens wird uns bewusst und kann wieder ein Gefühl von Dankbarkeit und Freude in uns erwecken. Wir verlassen die sorgenvoll kreisenden Gedanken um das Gestern und Morgen und sind im Jetzt präsent, wo alle Gestaltungsmöglichkeiten liegen. Dadurch, dass wir diese umfassende Achtsamkeit im jeweiligen Moment praktizieren, geschieht das Leben. Wir atmen. Wir kommen zunehmend bei uns selbst an und sind zu Hause.

In unserer oftmals sehr hektischen Zeit, wo Termine und Leistungsdruck vielfach den Alltag dominieren, ist es notwendig, einen Weg zu finden, durch den wir aus der Zerstreuung wieder in unsere Mitte gelangen. So bleiben wir an Geist und Seele gesund. Übungen zur Achtsamkeit können dabei helfen und mehr Wertschätzung, Lebendigkeit und Sammlung in unserem Alltag bewirken. »[Achtsamkeit] ist das Wunder, das

auf einen Schlag unseren zerstreuten Geist zurück-
rufen kann, ihn wieder ein Ganzes werden lässt, so
dass wir jede kostbare Minute unseres Lebens wirklich
leben können.«[12]

Wenn wir uns im Gebet auf das göttliche Licht besinnen, so brauchen wir dieses Gesammeltsein. Wir
müssen ganz bei uns sein, denn nur so sind wir er-
reichbar. Dann sind wir bereit und offen, achten auf
unseren Atem, unsere Sinneseindrücke und empfangen die reichen Impulse des Lebens.

---

12 Thích Nhât Hanh: »Das Wunder der Achtsamkeit«. Theseus in J. Kamphausen
   Verlag, Bielefeld 1997, S. 27.

Bildmeditation – das Ave Maria und die Schönheit des ICH BIN

*V*iele Menschen beten das Ave Maria mit inniger Hingabe und bringen ihre Verehrung und ihre Liebe zur Gottesmutter darin zum Ausdruck. Sie haben Vertrauen zu ihr und betrachten sie als gütige Mutter, treue Wegbegleiterin, weise Ratgeberin, Trösterin und Beschützerin.

Begeben wir uns in den Raum dieses Gebetes, so nähern wir uns der lichtvollen Kraft Marias und nehmen Verbindung zu ihr auf. Sie kommt uns liebevoll entgegen, reicht uns ihre Hände und möchte uns bestärken, das Licht auch in uns selbst zu erkennen und zum Ausdruck zu bringen. Den Segensgruß, den wir ihr entgegenbringen, wendet sie großzügig auf uns Menschen an und spricht: »Ich grüße dich, Kind Gottes!« So beginnt jede der folgenden Bildstationen mit Worten, die Maria nachempfunden sind und uns unmittelbar berühren möchten. Aus diesem Grund sind die Passagen auch in der Du-Form gehalten. Auf diese Worte folgt eine Anrufung unsererseits, als Teil des Dialoges zwischen dem Kind Gottes und Maria. Die anschließenden Übungen der Achtsamkeit mögen uns dabei helfen, ein liebevolles Gewahrsein für den Augenblick zu entwickeln, und der Blick auf die Liebe schließlich – Ja, was macht sie nun gerade? – erinnert uns an das Wesentliche im Leben.

Ich wünsche Ihnen, in diesem Gebet von Liebe getragen zu sein und das Licht Marias zu erfahren.

ICH BIN der Gruß.

Gegrüßet seist du, Maria.

»Geliebtes Kind Gottes, wie eine Rose öffnet sich der neue Morgen dir zum Gruß. Lächelnd umarmt dich ein Klang in den Farben der Liebe. Sei gepriesen an diesem neuen Tag der Schöpfung. Öffne dich für die Schönheit der Rose.« –

»Geliebte Maria, berühre mich mit deinem Licht.«

Übung der Achtsamkeit

Am frühen Morgen, noch bevor die Sonne aufgeht, hören wir bereits den freudigen Gesang der Vögel. Sie scheinen zu wissen, dass auch dieser Tag hell sein wird, noch ehe es im Außen sichtbar ist, und begrüßen ihn mit ihren frohen Melodien.

Den neuen Tag beginnen: Stehen Sie nicht sofort auf, wenn Sie morgens erwachen. Nehmen Sie sich 15 Minuten Zeit, um den neuen Tag zu begrüßen. Lauschen Sie den Botschaften dieser frühen Minuten. Welche Gedanken steigen in Ihnen auf? Welche Worte oder Bilder empfangen Sie? Was könnte das Geschenk des Tages sein? Was könnte eine wichtige Aufgabe sein? Machen Sie sich dazu Notizen.

Was macht die Liebe nun?

Sie öffnet ein Büchlein für Notizen, in das sie ihre Impulse beim Erwachen am Morgen eintragen kann. Manchmal empfängt sie nur ein einziges Wort. Und manchmal flackert auch ein Bild in ihr auf oder sie verspürt eine Ahnung. Sie schreibt all das auf. Alles kann ein Hinweis darauf sein, was der neue Tag mit sich bringen wird.

> »Glaube ist der Vogel,
> der das Tageslicht spürt,
> bevor der Morgen dämmert.«
> Rabindranath Tagore (1861–1941)

ICH BIN die Gnade.

Voll der Gnade.

»Geliebtes Kind Gottes, goldenes Licht verwandelt die Welt. Nimm davon, so viel du haben möchtest. Erquicke deinen Geist. Hier ist ein Geschenk, ein neues Kleid aus Gold, das ich dir reichen möchte. Öffne dich, werde leicht auf den Flügeln der Gnade. Empfange das goldene Licht der Gnade.« –

»Geliebte Maria, hilf mir, mich für die Gnade zu öffnen.«

Übung der Achtsamkeit

Zu empfangen, gelingt uns am besten, wenn wir in unserem Bewusstsein offen dafür sind. Offen sind wir nur dann, wenn wir den Lebensfluss in uns nicht durch ein Übermaß an eigenen Erwartungen, Vorstellungen und Plänen blockieren. Wir müssen unseren Kopf frei machen und dabei auch unsere Widerstände betrachten, die wir dem Leben selbst oftmals in den Weg stellen. ICH BIN bereit. Sie auch?

Haltung der Offenheit: Stellen Sie sich das Bild einer leeren Schale vor. Formen Sie dabei Ihre Hände zu einer Schale vor Ihrer Brust. Spüren Sie den freien, leeren Raum zwischen den Handflächen und vielleicht den frischen Luftzug, der zwischen Ihren Händen zirkuliert. Halten Sie Ihren Fokus auf den Atem, während Sie tief ein- und ausatmen. Achten Sie dabei auf Ihre Wahrnehmung. Können Sie sich als ein »offenes Gefäß« betrachten? Tauchen eventuell Widerstände auf? Was nehmen Sie wahr? Lauschen Sie ...

Was macht die Liebe nun?

Sie hält Ausschau nach dem Wundervollen. Sie glaubt an Wunder – daran, dass etwas möglich ist, auch wenn man den Weg dorthin noch nicht erkennt. Und dass meistens viel mehr möglich ist. Dadurch, dass sie sich für Wunder öffnet, können diese viel leichter in ihr Leben strömen.

>»Gnade heißt:
>   **G**ottes
>   **N**ähe
>   **A**uf
>   **D**ieser
>   **E**rde.«
>   *(Verfasser unbekannt)*

ICH BIN die Verbundenheit.

Der Herr ist mit dir.

»Geliebtes Kind Gottes, mit Gott verbunden sein, im Tal und auf dem Berg. Fühlen, wie alles in Gott und aus Gott ist. Wie es ist, Wolke zu sein in seinem Himmel, Rose zu sein in seinem Garten, das Kind zu sein, das er erschuf. Fühle seine Liebe. Fühle die Verbundenheit.« –

»Geliebte Maria, zeige mir den Weg nach innen.«

Übung der Achtsamkeit

Es ist wichtig, dass wir auch auf die Verbindung zu uns selbst achten. Der Weg zu uns selbst beginnt mit dem Atem, der den Körper mit dem Geist, das Innen mit dem Außen, verbindet. Das bewusste Atmen holt uns immer wieder in den gegenwärtigen Augenblick zurück. Dabei lassen wir alles andere los – möglichen Kummer über die Vergangenheit, mögliche Sorgen im Hinblick auf die Zukunft. Wir werden ruhiger, aufmerksamer und gesammelter.

Den Atem spüren: Atmen Sie tief ein, und stellen Sie sich dabei vor, wie Sie einen wundervollen Duft einatmen. Vielleicht den Duft nach Rosen. Spüren Sie, wie sich Ihr Bauch beim Einatmen hebt und die Luft in Ihren Körper einströmt. Sie strömt durch den gesamten Körper, in alle Organe, in alle Zellen hinein. Sie kommen dabei zu sich selbst zurück. Atmen Sie dann mit leicht geöffnetem Mund wieder aus, so, als würden Sie eine Kerze ausblasen wollen. Spüren Sie, wie sich Ihr Bauch dabei wieder senkt und der Atem durch Ihren Mund entweicht. Beim Ausatmen lassen Sie alle Anspannung los. Vergegenwärtigen Sie sich: »ICH BIN verbunden. ICH BIN daheim.«

Was macht die Liebe nun?

Sie pflegt ihre Beziehungen und sagt sehr oft: »Wie schön, dass es dich gibt.« Sie weiß, dass nichts im Leben selbstverständlich ist und sich in jedem Menschen – wie in jeder Blume – ein Stückchen Himmel widerspiegelt.

> »Wie die zarten Blumen willig sich entfalten
> und der Sonne stille halten,
> lass mich so
> still und froh
> deine Strahlen fassen
> und dich wirken lassen.«
> Gerhard Tersteegen (1697–1769)

ICH BIN der Segen.

Du bist gebenedeit unter den Frauen.

»Geliebtes Kind Gottes, im Licht erscheint die Klarheit des Weges. Segnend durchdringt dich das Licht wie ein goldener Schein und füllt das Gefäß deines Lebens. Sei dir bewusst, gesegnet zu sein. Erblühe mit freudigem Herzen.« –

»Geliebte Maria, dein Segen in mir.«

Übung der Achtsamkeit

Durch das göttliche Licht, das in uns wohnt, haben wir auch Segenskraft. Diese können wir nutzen, um das Leben heller und liebevoller zu gestalten. Ein Segen ist etwas Kostbares, das wir nicht nur selbst empfangen, sondern auch an andere weiterreichen können. Beschenken wir damit unsere Umwelt, unsere Mitmenschen, so tragen wir damit zu ihrer Entwicklung bei.

Den Segen zu Papier bringen: Legen Sie einen Bogen Papier und einen Stift bereit. Nehmen Sie einige tiefe Atemzüge. Kommen Sie in Ihrer Mitte und in Ihrem Herzen an. Seien Sie sich Ihres Lichtes bewusst, und beginnen Sie, Ihre Segnungen zu notieren. So vergegenwärtigen Sie sich auch, was alles schon in Ihrem Leben vorhanden ist. Ein Segen könnte z. B. lauten: »Ich segne diesen neuen Tag. Ich segne alles, was mir heute begegnet. Ich segne mein Heim, meine Familie, meine Freunde, meine Gaben und meine Fähigkeiten ... ICH BIN gesegnet, und ICH BIN der Segen.«

Was macht die Liebe nun?

Sie wendet ihre Kraft des Segnens an. Überall, wo sie auf Menschen trifft, segnet sie sie unauffällig und im Stillen. Ihre Umgebung bemerkt das meist gar nicht. Und falls doch, und jemand schaut neugierig zu ihr herüber, dann lächelt sie.

»*Beim ersten Licht der Sonne heute –*
sei gesegnet!
Wenn der lange Tag gegangen ist –
sei gesegnet!
In deinem Lächeln und in deinen Tränen –
sei gesegnet!
An jedem Tag deines Lebens –
sei gesegnet!«
Altirischer Segenswunsch

ICH BIN das Licht.

Und gebenedeit ist die Frucht
deines Leibes, Jesus.

»Geliebtes Kind Gottes, wie ein Keim in die Erde gelegt ist das Licht. Dieser verborgene Keim braucht eine sanfte Pflege. Umhüllt von Liebe reift er heran, um sich der Welt zu verschenken. Auch in dir ist der Same des Lichtes. Nähre ihn mit der Kraft deiner Liebe. Lasse ihn wachsen und seine Wirkung entfalten. Dein Licht wird gebraucht.« –

»Geliebte Maria, hilf mir, mein Licht zum Ausdruck zu bringen.«

Übung der Achtsamkeit

Unser Körper ist ein wertvolles Werkzeug, das uns die Erderfahrung und unser Wirken in dieser Welt erst möglich macht. In der folgenden Übung wollen wir unseren Körper dafür mit einem Lächeln belohnen, denn: »Ein Lächeln ist oft das Wesentliche.« (Antoine de Saint-Exupéry, 1900–1944)

Den Körper mit einem Lächeln belohnen: Richten Sie Ihre Aufmerksamkeit auf den Scheitelpunkt auf Ihrem Kopf. Lassen Sie dorthin Ihr Lächeln strömen. So, als wenn es ein sanfter Lichtstrom wäre. Ihr Lächeln breitet sich nun im gesamten Kopf aus, umhüllt ihn, berührt Ihre Augen (»Danke für meinen Sehsinn!«), berührt Ihre Ohren (»Danke für meinen Gehörsinn!«), berührt Ihre Nase (»Danke für meinen Geruchssinn!«), berührt Ihren Mund (»Danke für meine Fähigkeit, zu sprechen, zu singen, zu küssen, und vieles mehr!«). Lassen Sie Ihr Lächeln in dieser Weise wie einen

Lichtstrom durch Ihren gesamten Körper ziehen. Vergegenwärtigen Sie sich dabei: »ICH BIN das Licht.«

Was macht die Liebe nun?

An jedem Tag wählt sie ein neues Wort aus, das ihr als Losung auf dem Weg dient. Heute ist es: »Freundlichkeit«. Immer wieder im Verlauf des Tages kehrt sie zur Bedeutung dieses Wortes zurück und denkt darüber nach. Alles erhält durch Freundlichkeit mehr Licht. Alles gelingt dadurch leichter und schöner.

> »Den aller Welt Kreis nie beschloss,
> der liegt in Marien Schoß.
> Er ist ein Kindlein worden klein,
> der alle Dinge hält allein.«
> Martin Luther (1483–1546)

ICH BIN die Fürbitte.

Heilige Maria, Mutter Gottes,
bitte für uns Sünder.

»Geliebtes Kind Gottes, Gebete sind wie der Duft einer Rose. Sie steigen leicht in den Himmel und sind Geschenke ähnlich kostbarer Perlen. Durch sie wandeln sich Herzen. Meine Liebe für dich ist wie ein Gebet. Sei auch du wie ein Gebet für andere.« –

»Geliebte Maria, hilf mir, auch an andere zu denken.«

Übung der Achtsamkeit

Wenn wir durch Achtsamkeit lernen, wieder zu uns selbst zurückzukommen, können wir uns besser zuhören. Wir fühlen, hören, was sich in uns tut. Wir können unsere Gefühle deutlicher erkennen und ihnen mit Verständnis und Mitgefühl begegnen. Wenn wir uns selbst zuhören können, können wir das auch bei anderen tun. Dies verbessert unsere Fähigkeit zur Kommunikation und vertieft dadurch ebenso unsere Beziehungen.

Einen Brief schreiben: Ein Brief dient der Klärung unserer Gedanken. Durch einen Brief können wir auch klären, was wir einem Menschen gegenüber im Gespräch vielleicht nicht sagen konnten oder was wir versäumt haben zu sagen. Oft finden wir weisere Worte, wenn wir in Ruhe schreiben und den Inhalt nochmals durchlesen können.

Schreiben Sie alles auf, was Sie gern sagen möchten. Achten Sie dabei auch auf Ihre Empfindungen. Vielleicht nehmen Sie dabei auch mögliche Empfindungen der anderen Person wahr – selbst wenn diese gerade nicht im Raum ist. Ein Brief kann auch ein

Segensbrief sein und ein Gebet enthalten. Lassen Sie den Brief dann ruhig ein wenig liegen. Sie müssen ihn nicht einmal versenden.

Ein handgeschriebener, längerer Brief – vielleicht noch auf wertvollem Briefpapier und mit Tinte verfasst – ist in unserer heutigen Zeit der vielfältigen Kommunikationsmöglichkeiten eher selten geworden, denn trotz dieser Fülle greifen wir meist doch nur auf E-Mails oder Chatnachrichten zurück. Und vielleicht ist ein Brief auch deshalb ein besonderes Geschenk der Zuwendung anderen gegenüber. Das Papier kann angefasst werden, die Tinte hinterlässt eine lebendige Spur, und aus der Handschrift liest man oft auch das Wesen eines Menschen.

Was macht die Liebe nun?

Sie bringt sich dort ein, wo sie gerade gebraucht wird. Meist wird sie überall gebraucht. Mal wirkt sie im konkreten Tun, mal durch ein gutes Wort. »Ich denke an dich«, sagt die Liebe dann und nimmt die Menschen in ihr Gebet mit auf.

> *»Wenn ihr betet, erhebt ihr euch*
> *und trefft in den Lüften jene,*
> *die zur selben Stunde beten*
> *und denen ihr nur im Gebet begegnen könnt.«*
> *Khalil Gibran (1883–1931)*

ICH BIN die Gegenwart.

Jetzt.

»Geliebtes Kind Gottes, lass deine Gedanken fallen, die um das Gestern kreisen. Sieh, die Kraft des Augenblicks ist dir geschenkt. Schöpfe aus dieser Fülle des Sommers. Tauche ein in die Gabe der Gestaltung. Jetzt ist die Zeit dafür.« –

»Geliebte Maria, hilf mir, präsent zu sein.«

Übung der Achtsamkeit

Kinder lieben es meist, barfuß zu gehen, zu rennen und zu springen. Ein Gefühl von Freiheit für die Füße tut sich dann kund. Dabei kommt man in Kontakt mit dem Boden, fühlt die Erde, das frische Gras, Wasserpfützen und Steine. In manchen Parkanlagen gibt es auch sogenannte Barfußpfade mit Wegabschnitten von ganz unterschiedlicher Beschaffenheit. Wann waren Sie das letzte Mal barfuß unterwegs?

Barfuß unterwegs: Gehen Sie barfuß, wann immer Sie können. Nutzen Sie dafür auch Wege mit verschiedenen Untergründen, um bewusst Reize für Ihre Fußsohlen zu setzen – Gras- und Rindenmulchflächen, Kieswege, Sandwege, Bachläufe usw. Achten Sie beim Gehen auf Ihre Empfindungen und auf Ihren Kontakt zum Boden. Machen Sie sich dabei bewusst: »ICH BIN hier. ICH BIN jetzt.«

Was macht die Liebe nun?

Sie begleitet das, was sie gerade tut, mit liebevoller Aufmerksamkeit. Auch wenn es scheinbar kleine Dinge sind wie Aufräumen, Kochen, Blumengießen. Sie begegnet ihnen wachsam und achtsam, denn die kleinen Tätigkeiten im Leben gestalten auch das große Ganze mit.

»*Mein sind die Jahre nicht,*
die mir die Zeit genommen;
mein sind die Jahre nicht,
die etwa mögen kommen;
der Augenblick ist mein,
und nehm ich den in acht,
so ist der mein,
der Zeit und Ewigkeit gemacht.«
Andreas Gryphius (1616–1664)

ICH BIN der Übergang.

Und in der Stunde unseres Todes.

»Geliebtes Kind Gottes, der Tod ist ein Begleiter in der Verwandlung aller Formen. Das Alte geht und gibt dem Neuen Raum. Der Tod zeigt dir, wie kostbar jede Lebenszeit ist und hebt im Wandel das einzig Beständige, die Liebe, empor. Stufe für Stufe begleitet er dich, immer weiter in das Licht hinein, und dient damit dem Leben. Sieh das Licht. Habe Mut in der Veränderung.« –

»Geliebte Maria, hilf mir, Veränderungen leichter anzunehmen.«

Übung der Achtsamkeit

Vielleicht kennen Sie das sogenannte Steinehüpfen an ruhigen Gewässern. Bei diesem Spiel wählt man besonders flache Steine aus und versucht, diese so ins Wasser zu werfen, dass sie möglichst oft über die Oberfläche hüpfen, bevor sie dann versinken. Da es sich dabei um ein Spiel handelt und es uns Freude bereitet, fällt es uns leicht, die Steine zu sammeln und wieder loszulassen. Das können wir auch mit der folgenden Übung erfahren.

Steine sammeln – Steine zerstreuen: Begeben Sie sich an einen Ort, an dem viele Steine zu finden sind. Sammeln Sie unterschiedliche Steine ein, die Sie spontan ansprechen. Betrachten Sie sie aufmerksam. Jeder Stein ist anders. Welche Farbe hat er? Welche Form? Welche Beschaffenheit der Oberfläche? Wonach riecht er? Nach Kalk? Nach Moos? Nach Erde? Gibt es einen Stein, der Ihnen besonders gut gefällt?

Fühlen Sie die Steine, betrachten Sie sie. Nach einer Weile legen Sie die Steine wieder ab oder werfen Sie sie spielerisch in ein nahe gelegenes Gewässer.

Was macht die Liebe nun?

Sonnenuntergänge ... ach, sie liebt sie einfach. Oft bestaunt sie ihre schönen Farben. Erst gegen Abend, wenn die Sonne tief am Horizont steht, ist es möglich, sie direkt anzublicken und ihre Wärme wie eine Art Nahrung aufzunehmen. Die Liebe betrachtet den Sonnenuntergang so lange, bis auch dieser Tag vergangen ist und die Nacht beginnt, als Hinführung zum nächsten Morgen.

»Ich sterbe nicht, ich trete ins Leben ein.«
Thérèse von Lisieux (1873–1897)

ICH BIN die Stille.

Amen.

»Geliebtes Kind Gottes, lausche der Stille, den Chören des Lichtes. Meine Arme sind weit ausgebreitet. Du bist angekommen. Du bist daheim.« –

»Geliebte Maria, deine Stille in mir.«

Übung der Achtsamkeit

Jedes schöpferische Werk – sei es ein Bild, das man malt, oder ein Buch, das man schreibt – wird auch einmal beendet. Es ist dann wichtig, einen guten Abschluss zu finden, indem man die Entstehung nochmals Revue passieren lässt, die einzelnen Stationen der Entwicklung würdigt und Danke sagt. So lösen wir uns innerlich von dem Bisherigen und können das nächste Werk beginnen. Ähnlich ist es mit dem Abschluss eines Tages. Wir halten dabei Rückschau und machen uns das Wesentliche des Erlebten bewusst.

Den Tag beenden: Machen Sie es sich bequem. Nehmen Sie einige tiefe Atemzüge. Fühlen Sie Ihren Herzschlag. Lassen Sie den Tag mit allen Erlebnissen nochmals in Gedanken an sich vorüberziehen. Folgende Fragen könnten dabei hilfreich sein:

»Wie geht es mir gerade?«
»Was hat mich heute berührt?«
»Was durfte ich lernen?«
»Wobei durfte ich helfen?«
»Habe ich gut auf mich geachtet?«
»Was bereitete mir Freude?«
»Was machte diesen Tag besonders?«
»Wofür bin ich heute dankbar?«

Wenn Sie mögen, können Sie Ihren Tag auch segnen.

Was macht die Liebe nun?

Nun ist es Zeit, ein wenig auszuruhen. Die Liebe geht an einen Ort der Stille. Dies kann eine Kirche sein, ein lieblicher Garten, das friedvolle Ufer eines Sees ... Die Natur ist wunderbar, um uns die Stille zu lehren. In ihr zu verweilen, ist heilsam und schenkt uns neue Kraft für den weiteren Lebensweg.

»Der Weg zu allem Großen
geht durch die Stille.«
Paul Keller (1873–1932)

Schlusswort

Allen Pilgerwegen ist gemeinsam, dass sie ein Ziel haben, das im Verlauf des Weges näher rückt. Bezogen auf den Jakobsweg ist z. B. das Ziel das Grab des Apostels Jakobus in Santiago de Compostela, im Westen Spaniens. Das Ziel unserer Reise durch dieses Büchlein könnte sein, dass wir durch die Lektüre mehr zu uns selbst gelangen, in unsere eigene Mitte. Dies gelingt uns durch die Kraft des Gebetes, durch die Übungen zur Achtsamkeit und schließlich durch die Kenntnis des weiblichen Weges mithilfe von Maria. Sind wir bei uns selbst zu Hause, so wird uns auch das Licht bewusst, das wir alle in uns tragen.

Der letzte Teil dieses Buches bringt uns über die Worte des ICH BIN und über eine Variation des Ave Marias diesem Ziel näher. Gehen wir also noch ein Stückchen gemeinsam ...

ICH BIN – das göttliche Bewusstsein

Wer kennt sie nicht, die Gleichnisse Jesu, die mit »ICH BIN« beginnen wie »ICH BIN der Weg und die Wahrheit und das Leben« (Jh 14,6; Lutherbibel 1912)? Fast 2000 Jahre ist es her, dass diese Worte gesprochen wurden, und immer noch ist die darin liegende Kraft ungebrochen spürbar. Jesus wandte mit dem ICH BIN ein uraltes Wissen an und gab uns damit einen wichtigen Schlüssel für unsere Lebensführung in die Hand. Verbinden wir uns mit der Kraft dieser Worte, aktivieren wir das göttliche Bewusstsein in uns selbst und können dies für die Gestaltung unseres Weges nutzen.

Ist das ICH BIN denn schön?

Ich glaube: Ja. Wir betreten einen Raum der Schönheit dort, wo wir das Göttliche »hindurchschimmern« sehen. Die Quelle allen Seins, unser lichtes Zuhause, auch in den Erscheinungen zu erkennen, macht sie schön. Meist reicht jedoch unser irdisches Auge allein dafür nicht aus. Wir müssen dann weitergehen, tiefer wahrnehmen und unser Herz mit einbeziehen. Ist unser Herz empfänglich und offen, können wir damit anders schauen und das Verborgene entdecken. Das »Heilige« der Schöpfung – das Heile, das Ganze – kann sich uns so offenbaren.

Wenn wir das Licht Marias wahrnehmen, ihre Liebe, begleitet uns oftmals das Gefühl, von großer Schönheit umgeben zu sein, weil wir dann ihr göttliches Wesen erahnen und damit einhergehend auch das ICH BIN, das göttliche Bewusstsein, aus dem Liebe und Schönheit sprechen.

ICH-BIN-Gebet

Gegrüßet seist du Maria,	ICH BIN der Gruß.
voll der Gnade,	ICH BIN die Gnade.
der Herr ist mit dir,	ICH BIN die Verbundenheit.
du bist gebenedeit unter den Frauen	ICH BIN der Segen.
und gebenedeit ist die Frucht deines Leibes, Jesu.	ICH BIN das Licht.
Heilige Maria, Mutter Gottes, bitte für uns Sünder	ICH BIN die Fürbitte.
jetzt	ICH BIN die Gegenwart.
und in der Stunde unseres Todes.	ICH BIN der Übergang.
Amen.	ICH BIN die Stille.

Ave Maria – unendliche Liebe

Diese persönliche Variation des Ave Marias zeigt eine Möglichkeit, wie das Gebet in der heutigen Zeit der zunehmenden Bewusstwerdung auch gesprochen werden kann.

Geliebte Mutter Maria,
dir gilt der Gruß unserer Herzen.
Dein Licht strahlt hell und klar
und nimmt auch uns hinein in seinen Segen.
Du wohnst in Gottes Nähe
und führst auch uns zur Quelle hin.
Du bist die Auserwählte durch den Himmel.
Durch deinen Leib und deine Hingabe
wurde uns Jesus Christus
geboren und geschenkt.
Wir danken dir, verehren
und lieben dich dafür.
Hilf auch uns,
die Verheißungen Christi zu erfüllen.
Bleibe bei uns, geliebte Mutter Maria,
und halte uns in deiner beschützenden Kraft.
In jedem Moment unseres Lebens, und auch
wenn die Zeit dafür gekommen ist,
die Erde wieder zu verlassen.
Sei bei uns, geliebte Mutter Maria.
Amen.

Und natürlich folgt jedem Gebet auch eine Antwort:

Geliebtes Kind Gottes,

dir gilt mein Herzensgruß.
Gepriesen sei die Zeit deines Erwachens,
da du dich öffnest und
wir gemeinsam wirken dürfen.
Gern nehme ich dich an der Hand und
begleite dich auf neuen Wegen.
Beginne mit dem Staunen, so, als würdest du
zum ersten Mal die Welt erblicken.
Jede Blume ist ein Gruß an dich.
Staune wie ein Kind mit großen Augen,
und erkenne, wie schön und
kostbar dieses Leben ist.
Erkenne die unendlichen Möglichkeiten,
die durch Vertrauen geboren werden.
Traue dich, wieder lebendig zu sein,
neugierig und mutig.

Entdecke jeden Tag aufs Neue
mit Begeisterung.
Betrachte die Geschenke deines Lebens,
die für dich schon da sind,
und gib sie mit Freude auch an andere weiter.
Lausche mit offenem Herzen
auf den Ruf eines jeden Tages,
und bringe dich weiter ein.
Sei bereit, sei wach. Sei dir bewusst,
ein Kind Gottes zu sein,
das von der Liebe getragen wird,
und lass diese Gewissheit
tief in dich hineinsinken,
mit jedem Atemzug.
Erlaube deiner Seele,
wieder frei zu sein, zu singen,
zu tanzen, zu loben und zu lieben.
So empfängst du die Wunder deines Lebens.
So lebst du dein Licht.
Ich bin die Wegbegleiterin an deiner Seite.
Ich bin für dich da.

Vision

Wir brauchen Visionen, um eine Welt zu erschaffen, die von Liebe zeugt, und in der wir friedvoll leben können. Eine Vision entsteht weder aus dem Gestern noch aus dem Morgen. Sie wird aus dem Blick nach innen geboren, in Verbindung mit unserer göttlichen Seele. Daher sind die Wege dorthin für jeden Einzelnen von uns so individuell.

Mit der Besinnung auf das göttliche Bewusstsein jedoch – das ICH BIN – und unsere Hingabe bringen wir ein Licht hervor, das uns den rechten Weg erkennen lässt und Verwandlung bewirkt. Zunächst in uns selbst und dann weitere Kreise ziehend ebenfalls in anderen.

»Wir sind dazu geboren, die Herrlichkeit Gottes in uns zu manifestieren«,[13] schreibt Marianne Williamson in ihrem Buch »Rückkehr zur Liebe«. Als Kinder Gottes ist es unsere Aufgabe, unser eigenes Licht zum Ausdruck zu bringen und andere durch unser Beispiel zu ermutigen.

Nutzen wir diese Möglichkeit durch die Macht der Liebe in unseren Herzen, die Gestaltungskraft unserer Gedanken und den Segen von Gebeten, die unsere Verbindung mit dem Göttlichen stärken.

Dabei kann uns Maria begleiten, die uns den Weg der Hingabe und des Mitgefühls zeigt. Gleichzeitig ermutigt sie uns darin, das Christuslicht im Inneren zu entfachen und als Nachfolger Jesu voranzugehen, der uns vor 2000 Jahren den Weg wies.

---

13 Williamson, Marianne: »Rückkehr zur Liebe«. Wilhelm Goldmann Verlag, München 2016, S. 201.

Danksagung

Liebe Leserin und lieber Leser,

mit Ihnen durch dieses Büchlein zu pilgern, war mir eine Freude. Ich hoffe, dass Sie dabei wertvolle Impulse und vielleicht auch neue Sichtweisen gewinnen konnten. Danke schön für unseren gemeinsamen Weg. Mein inniger Dank gilt auch der Geistigen Welt, die mich beim Malen und Schreiben vielfach unterstützt hat, und Maria, deren beständige Kraft mich spürbar begleitet hat. Ich danke zutiefst für meine Familie, für ihr Dasein und ihre Liebe. Ein herzliches Dankeschön an Heidi und Markus Schirner, die mir die Veröffentlichung dieses Buches ermöglichten – danke für euer Vertrauen! Lieben Dank an meine Lektorin, Karin Garthaus, für ihre wachen Impulse und wertvolle Textarbeit. Das gemeinsame Gestalten machte wieder große Freude. Danke schön an Pater Leo Weber, der mich bei den Kunstausstellungen im Kloster Benediktbeuern fürsorglich begleitet hat und mich im »marianischen Lichtweg« unterwies. Herzlichen Dank an meine Freunde, die mich im Gebet mittrugen, auf meinem Weg vielfach halfen, und die mir Gemeinschaft und Liebe schenkten. Ihr habt zu diesem Buch mit beigetragen. Für alle Erfahrungen und alle Begegnungen ein inniges DANKE.

Literaturempfehlungen

Allmend, Peter: »Einfachheit«. Aquamarin Verlag, München 2015.

Grün, Anselm; Reitz, Petra: »Marienfeste. Wegweiser zum Leben«. Vier-Türme-Verlag, Münsterschwarzach 1987.

Guardini, Romano: »Der Rosenkranz Unserer Lieben Frau«. Matthias-Grünewald-Verlag, Ostfildern 1988.

Montfort, Ludwig Maria Grignion von: »Das goldene Buch«. Lins-Verlag, Feldkirch 1987.

Mutter Teresa; Frère Roger: »Maria – Mutter der Versöhnung«. Herder, Freiburg 1988.

Schwarz, Andreas: »Eigentlich ist Maria ganz anders«. Herder, Freiburg 2016.

Thali, Trudi: »Die Heilkraft der Maria«. Trudi Thali Verlag, Vitznau 2015.

Thích Nhát Hanh: »Geh-Meditation«. Arkana, Göttingen 2008.

Thích Nhát Hanh: »Das Wunder der Achtsamkeit«. Theseus in J. Kamphausen Verlag, Bielefeld 1997..

Tolle, Echkart: »Jetzt! Die Kraft der Gegenwart«. J. Kamphausen Verlag, Bielefeld 2007.

Williamson, Marianne: »Rückkehr zur Liebe«. Goldmann Verlag, München 2016.

Über die Autorin

 Irma Streck ist eine spirituelle Künstlerin. Ihre besondere Art zu malen, nennt sie LICHTmalerei. Heute arbeitet sie freischaffend als Künstlerin, Maltherapeutin, Dozentin sowie Autorin. In Kursen und Seminaren begleitet sie Teilnehmer dabei, ihre Kreativität zu entdecken und ihr Bewusstsein zu erweitern. Sie ist Mutter von zwei erwachsenen Kindern und lebt in der Nähe von München.

Weitere Informationen finden Sie auf:
www.lichtmalerei.info

Außerdem erschienen im Schirner Verlag

Irma Streck
Das Vaterunser
und die Kraft des ICH BIN
Ein Gebet in 14 Bildern
ISBN 978-3-8434-5121-5

Seit zwei Jahrtausenden berührt das Vaterunser die Menschen. Völlig neu ist der Ansatz der spirituellen Künstlerin Irma Streck, das zentrale Gebet des Christentums mit der uralten Weisheit des ICH BIN zu verbinden. Schon Jesus kannte solche kraftvollen Worte, die von der Gottesgegenwart und dem Mitschöpfertum in uns zeugen: »Ich bin das Brot des Lebens«, »Ich bin das Licht der Welt.« Aus dieser Kombination ist ein bewegendes Gebet entstanden, das die Autorin mit zauberhaften, lichtvollen Bildern illustriert hat. Im Zusammenspiel mit Meditationen, sogenannten Körpergebeten, erkennen wir, was wirklich wichtig ist: Liebe, Segen und Herrlichkeit.

»Dieses Gebet führt uns zum Licht, und wo Licht wirkt, ist auch immer Freude.«